你是一枚
人际磁石

改变自我的12大吸引定律

[加] 理查德·卡斯威尔◎著
周 虹　张 瑞◎译

THE LAW OF ATTRACTION
YOU ARE A HUMAN MAGNET

中国发展出版社

图书在版编目（CIP）数据

你是一枚人际磁石：改变自我的12大吸引定律/（加）卡斯威尔（Carswell，R. A.）著；周虹，张瑞译．北京：中国发展出版社，2009.8

ISBN 978-7-80234-458-7

Ⅰ.你…　Ⅱ.①卡…　②周…　③张…　Ⅲ.成功心理学—通俗读物　Ⅳ.B848.4-49

中国版本图书馆CIP数据核字（2009）第150946号

书　　名：你是一枚人际磁石：改变自我的12大吸引定律
著作责任者：［加］理查德·卡斯威尔
译　　者：周虹　张瑞
出版发行：中国发展出版社
（北京市西城区百万庄大街16号8层　100037）
标准书号：ISBN 978-7-80234-458-7
经　销　者：各地新华书店
印　刷　者：北京瑞哲印刷厂
开　　本：787×1000mm　1/16
印　　张：13.75
字　　数：200千字
版　　次：2009年8月第1版
印　　次：2009年8月第1次印刷
印　　数：1—8000册
定　　价：28.00元
咨询电话：（010）68990692　68990622
购书热线：（010）68990682　68990686
网　　址：http：//www.develpress.com.cn
电子邮件：fazhan@drc.gov.cn

推荐序一

唤醒潜意识中的自我

马克·汉森（畅销书《心灵鸡汤》的作者）

理查德·卡斯威尔用语言和独到的眼光、深刻的哲理以及他探索全球140多个国家的传奇冒险经历，为我们编制了一幅精美的画卷。当他分享数百年来众多培训大师传授的永恒定律时，你会被他身上独一无二的个人魅力所感染。10年前，当我第一次与理查德偶遇时，片刻间我就告诉他：你是天生的领导者和演讲家。他的本性充满无限的激情和鼓励帮助他人的强烈欲望。事实上，我不得不骄傲地承认，他本人远远比这些词语更加出彩。

阅读过他的书或者参加过现场"吸引定律"研讨会的人们，常常震惊于自己清晰地发现，即忽视了自己与生俱来的创造力。究竟是怎样一种力量，我们怎样才能借用这种神奇力量创造出梦想的生活？

为了揭示问题的答案，卡斯威尔先生投身于前期问卷调查的研究中，试图解释事实的真相，于是便促成了这本书的诞生。

灵活驾驭这种力量，你就可以做到将命运掌握在自己手中。每年，理查德环游世界，他认为活着就要充满激情。传授和鼓舞不同种族的人民得到心灵的释放，这是他的使命。他将告诉你一个秘密：正确使用"吸引定律"能够释放人类的潜能。了解这个规律，就没有做不到的事，无论你是谁，你想要什么，"吸引定律"都能带给你。"吸引定律"是否真的存在？他将以己为例亲身向你讲述。

通过这本书，他会向你描述他生活中美好的或者丑陋的一面，和你一起分享永恒的定律：如何攻破"失败—失败—再失败"模式，复制自己如何从负罪、耻辱、贫穷、挫折、绝望、无家可归，到富足、充满爱、充满成就感的生活状态。你会发现这一切是如此鼓舞人心、难以忘怀。

你现在过得怎么样呢？是否对生活焦虑不安、永不满足？你打算如何让这种冲突和挣扎随风而逝，平和轻松地迎接快乐和财富走进生活的核心？理查德·卡斯威尔怀抱坚定的信念：心灵可以解答任何困难，我们可以利用宇宙中最伟大的“吸引定律”来创造你梦想的生活。这本书将帮助你深刻理解：刻意地在生活中使用这条定律，你会发现创造一番真正精彩的生活是如此简单，而令人头痛的压力和挣扎却显得不再可怕。事实上，你将发现YES！超出你的想象，现在你能更加灵活地掌控自己的生活和命运。你将发现正是你自己创造了自己的前途！

每个人的内心深处都渴望探索拥有成功的惊天秘密，这扇神秘的大门将会打开他们梦寐以求的、通往富裕的生活方式，达到个人满足感和成就感的道路。理查德会告诉你，如何念出正确的咒语；如何吸引你渴望的东西走进你，如何梦想成真，揭示秘密的答案就埋藏在这本书的字里行间。

有些方法、技巧和原理简单得让你目瞪口呆，但是不要让这些简单的道理愚弄了你。人类的思想可以成为你们最好的朋友，也能成为最危险的敌人。它善于让事情变得复杂化，但是你无法将简单的“事实真相”复杂化。自然界的真相总是如此简单，我们所能做的是利用这些简单的真相，让你的生活眨眼间发生翻天覆地的变化。正如新英格兰作家奥利佛·温德尔所说：“显然，我们都需要上一课。”

理查德所做的是唤醒我们内心的自我，也就是我们所熟知的潜意识中的自我，然后激励我们套用历史上的伟人曾经使用过的行之有效的行为模式，达到心想事成。一旦你学会如何掌握这12大吸引定律，你将从烦恼、焦虑、自我怀疑中解脱出来，从容不迫地创造出自己想要的未来，你的欲望和雄心将战胜被动地等待。

相比你从本书中得到的宝贵价值和对现实独特的见解而言，你付出的成本却是如此低廉。你有能力开创一番大事业。《你是一枚人际磁石》将向你展示如何顺其天意，而不是违抗它。不要忘了“你是一枚人际磁石”，你的职责就是产生磁性，吸引美好的、积极的，让那些内心渴望的事物走近你、靠近你。我知道，你会得到上天的恩赐。

推荐序二

中国需要这样的力量

李　阳（疯狂英语创始人）

第一次认识理查德·卡斯威尔是2005年4月在上海的时候，我被这个国人眼中的老外全身所散发的活力、激情和对生命的热爱而深深吸引。我告诉他，正如我告诉每个中国人的那样，中国需要这样的力量！他的使命是鼓舞、教育、激励每个人突破自我，但是最让我感到内心震撼的是他对这个美丽星球——我们所居住的家园的热爱。地球需要这样的奉献和热情，让我们共同携手，拯救我们的家园。

扩展我们的知识和洞察力需要合适的时机，正如世界和宇宙的运动周期一样，现在正是时机！理查德深刻简明的风格，透彻的洞察力和在潜意识行为领域的权威，绝对让你受益匪浅，正如我和我的团队所亲身体会到的那样。现在，理查德的书籍和研讨会已降临中国，和中国人共同发掘自我、探索生命的目的和使命。当你建立自信的时候，当你的目标明确、生命目的变得清晰的时候，你的生活水准也会毫不费力地提升到更高的层次。没有人能像理查德一样带给你关于如何得到更多、做得更多、成就更多的信息，最终像他一样能给予更多！通过我和理查德短暂的相处，让我感到有一种力量，我保证读了这本书，你也会深有同感。

理查德·卡斯威尔是我优秀的导师，实际上更是一位激励源动力。我真心地希望，通过这本书，他能鼓舞、激励、点燃你思考的力量，突破所有自带枷锁的限制性信念，这些枷锁约束着你实现梦想和成就辉煌的脚步。其实，人人都能为这个国家、这个世界做出卓越的贡献！

2009年6月于广州

作者自序

理查德·卡斯威尔

佛陀曾经说过："当学生准备好的时候，老师自然会出现。"对某些读者来说，这本书是如此简单，而另一些人却觉得不可思议。不管怎样，这本书都做到了——揭示宇宙中最伟大的秘密。这个秘密穿梭数个世纪，历经不同年代，正向我们走来。它被称作"通往万物的秘密"，通往快乐、幸福、健康、人际关系、金钱和爱情的惊天秘密！

这本神奇的书将告诉你如何运用12种吸引定律，通往你梦想的世界。西方世界最杰出的科学家、思想家和哲学家分享了他们对"秘密"的深刻理解：每个通晓"秘密"的人，他们的生活都发生着翻天覆地的变化。不仅是历史上取得伟大成就的人和思想家，如孔子、老子、孟子、柏拉图、贝多芬、莎士比亚、爱因斯坦、卡耐基；事实上，几乎所有当今社会公众人物和工商业领导者都是"秘密"的受益者。你会发现理查德·布兰森如何将他的维珍航空帝国打造成亿万美元的太空旅游事业；纽约地产大亨唐纳德·川普如何创造地球上最大的房地产建筑帝国；迈克尔·乔丹如何成为篮球界的神话；比尔·盖茨如何成为世界上最富有的人；比尔·克林顿如何成功地连续两任登上美国总统宝座……

现在，是时候把他们的秘密分享给大家的时候了。既然佛陀说过："当学生准备好的时候，老师自然会出现。"实际上，这正是对"吸引定律"的诠释，如果你发现自己胸怀这种信念，这句话传达的信息必定走入你的世界。这是事实，绝不是巧合，没有比这更蹊跷的事了。每件事都在"吸引定律"的指挥下演奏着和谐的篇章。

这就是"秘密"所在，如果你让这种力量平静地渗透自己的身心，那么让你心想事成的阿拉丁神灯就在你手中。

也许你会觉得，财富、健康、人际关系以及物质上的成就并没有给你带来快乐。但是你会惊奇地了解到，慎重地发掘和维护你通往快乐途中的振动能量，会让你的梦想更轻而易举地靠近你，你想成为怎样的人？你想拥有什么？如何才能摆脱痛苦挣扎，走向幸福的终点？

这本书的写作只有一个目的：尽可能深刻地向读者解释，我们具体需要做什么，才能拥有我们想象中所需要的一切。期望的确很高，难以理解，但是我会尽量向你们解释如何水到渠成地加以实现。

我将这些法则称为“宇宙秘密”，因为即使世界上最富有的人通过这些法则而创造了财富，但他们未必意识到他们正在无意中运用这些法则。这本书中我们揭示了许多成功者的共同点，让你轻松地模仿他们的模式，吸引你去追求梦想。

当你明白一切创造都是基于一种能量系统作用之上，当你了解一些非常基本的有关这种能量运转的常识，你将释放出一种看起来不可思议的生命中的创造力量。

通过运用这些法则，我在短短一年时间从身无分文到吸引了6位数的收入。难道这不吸引你吗？但金钱只是冰山一角。

也许我的经历与你的现状很相似。我浪费了多年的时间痴迷于追求“正确”，苦苦挣扎，事实是，个人经济状况仍旧一团糟，生命中吸引了更多令我绝望、试图摆脱的梦魇。如果你不改变自己的想法，那么你人生中的一切都会保持原样，因为你不允许你的思想发生转变，让你颇感自豪的信念体系以失败告终，并未给你的生活带来无限快乐和美好祝愿，一切仍是原样。要知道这点：正是你自己的思想让你达到现在这样的状况。只有用吸引定律改变自己，你才会打开一扇通往无限可能的全新世界的大门。

有股力量作用在你的人生中，同样，它也作用在这个宇宙的任何生物身上。这股力量绝对是创造人生的根基力量，它作用在你生活的各个方面：经济状况、感情关系、思维状态等，它无处不在，因为它是相对简单的自然法则。而且最好的是，这也许正是你最初认为很难发现，但你却完全控制着这个法则如何在你的生活中发生作用。

这是你需要知道的科学，而任何一本最新的关于量子物理学的书籍都可以证明这个不可否认的事实。

宇宙中的一切，即使是空白的空间，都充满着能量。包括你、我、你的宠物兔子，甚至是你的思想以及感觉。像原子、分子、粒子等“量子物质”一样，所有的能量都发出一定振动。我们可以通过不同频率来感受不同能量。当某物发出振动时，它会引起同频事物的共鸣或吸引同频的事物。你可以直接通过你的想法以及感受创造现实，因为你的想法以及感受决定了你的振动，因此也决定了你吸引的事物。

如果你感到贫困，那么你就发出了“贫困”这个振动。宇宙只能通过为你带来类似的人、类似的环境、更多的贫困来回应你，因为那些事物与你发出的振动产生了共鸣。如果你一直发送“贫穷、缺乏”这个振动时，那么你就只能一直过着贫穷缺乏的生活。相反，如果你感到幸福、快乐、健康，你就会发出同样的振动频率，宇宙就会与你的振动发生共鸣。请你相信，宇宙定律每时每刻对每一个人都会产生作用，而且它们的力量也就存在于此。

目　录 | Contents

1. 对成功的全新释义

> 生活中成功的标准不仅是金钱或财富，而更应该是你的幸福指数有多少。
>
> ——亚伯拉罕

现代最伟大的厄尔·南丁格尔，全球最大的成功激励音像公司南丁格尔康兰特公司的创办者，他更乐于定义成功是“有价值的目标或想法的实现过程”。多年来无数次环球演讲中我把他的定义写在白板上，的确如此，但是本章开始亚伯拉罕的这席话让我更加恍然大悟。迪巴克·乔布拉更加扩展了厄尔的名言“以及持续不断地幸福感的扩张”。

所以达成目标取得进步很有可能让你获得成功，但未必带给你快乐，这才是关键。亚伯拉罕的定义更具完整性，你不这样认为么？

完成对他人的全部义务和责任才是你要的幸福。为什么如此？因为此刻你才感到快乐幸福。根据我们最初定义的成功，你按照自己的规划完成目标享受生活。当你身处快乐感激的阶段，就是与源能量流取得联系的时刻，这才是真我，任何得到你关注的人和物都受益于你。

你的首要目标是快乐，获得幸福感，当你这样做的时候，所有成功要素都会万事俱备。当你有意识地认同自己目前的情感状态，那么就更容易理解是否自己选择了接近目标的想法或与之背道而驰。如果你用自己的真实目标提升了自己的感觉和情感，那么你想要的任何事会迅速地出现在你的世界，通过合适的人、合适的环境、合适的资源，帮助你达到渴望的结果。

所以成功的确是你对快乐和幸福的感觉。当你真诚地为他人的成功兴奋雀跃时，也意味着你已步入自己成功的轨道。成功不只是完成。有的人的培训课题是“你能拥有一切”。这显然不是真的。想想看，你不可能拥有每件东西，你不可能拥有一切，因为当你接近目标时，新的欲望又会诞生，再一次会有一张新的创意蓝图。你不可能拥有一切，你不可能搞定一切；成功的尺度不在于金钱、目标或物质的获得，成功的真实尺度绝对是你对快乐和幸福指数的满意度。

你永远无法达到“拥有一切”的境界，你无法拥有一切，因为你无法就此终止，你无法终止无限增长的意识流。所以意识之外会滋生下一个欲望、下一个需求，每个欲望和需求都通过吸引定律得到下一个答案、下一个证实。内心欲望的扩张潜藏着说不出的喜悦。

拉尔夫·瓦尔多·爱默生曾有几篇关于成功的诗作，其中一篇中对于成功的衡量是《让世界更加美好》，这句话深刻指明了收获和完美人生的定义。爱默生说，让世界更加美好证明你已经成功。将这句话作为我们的人生哲学不愧是个好主意。

当潮汐逝去后会有一条水印证明水曾来过那里。当生命之水从岸边逝去，令我最后一次心潮澎湃，欲望的印记证明我曾经驻足。我的目的是，印记告诉我们：数十年来，占据这里的某个人，当他看到更重要的人出现时，却乐于把更美好的世界让位于他们和那些更有能力的后来者们。

世界的主流文化告诉我们，成功取决于银行存款、物质回报、权力和财富。这些都是辛勤工作、专注、持之以恒于某些充满激情的目的的结果，这些是值得付出的；但这些不是我们衡量人生成功与否的唯一标志。有价值的贡献才能成就完美人生。

或许你可以积累很多财富，在欲望消逝前及时行乐、极尽虚荣。这是很多文化名流陨落的陷阱。主流文化可能会告诉你这就是代表成功，但爱默生告诉我们不是如此。我期望你能意识到你生命的潮水最终也会从岸边逝去。当那天来到时，我们唯一需要问自己的是，我们留下的痕迹在哪里。

2. 所想即所现

> 吸引力法则能根据你所思所想，将你所需要的一切吸附在你身边。你身边的环境以及你的经济条件都是你惯性思维的最完美的体现。人的思想统治着世界。
>
> ——约瑟夫·爱德华·墨非博士

你就是一块磁铁，把你一直想要的人、环境，还有条件都吸引到你身边。不管你的意识里想着什么，都会慢慢在你的人生经历中体现出来。

一个人的思想控制着他的一生。拿破仑·希尔曾说过："在人类思想里挖掘出的金矿要比在地球上任何一处挖出的还要多。"人的一生中最重要的莫过于他的想法。如果你对自己的生活不满意，那只是你仅仅用了你无限创造力中的一点点，而这就是一个人想法的力量。生命中，所有的事情都是首先出现在你的脑海中，接着就是你自己的责任去让你的想法、期望和结果达成一致。佛教的创始人佛陀曾说过："我们本是内心所思，我们的出现，我们身边发生一切都源自于我们内心的思索，我们的思维创造了我们的世界。而我们是什么，这个问题我们已探讨多年了。"

思想是一个实体

我深信，思想是一个实体，
有身体，有呼吸，还有翅膀，
我们将他们派遣到
世界的每个角落。
播下好的结果，或者坏的，

我们称之为秘密的思想，
能飞速地去到地球最遥远的地方，
撒下欢乐或悲哀，
如同他经过遗留下来的足迹。
我们一步一步地想象着我们的未来，
是好是坏，全然不知，
宇宙也是如此精炼出来的。
思想只是命运的别称，
为他们选择睿智的一生吧，
因为爱会带来爱，而恨只会带来恨。

——亨利·范戴克

在古时候，名利兼收的所罗门国王写下一句话："你心里所想的就是真正的你。"你将会学到你人生中的最重要的一课，那也许就是你会发现你的主导思想在支配着你生命的主方向。你必须事事严格要求你自己，言行必须围绕着你想要实现的目标而展开。你不必去想或者谈论那些你不想在你生命中出现的事情，然而这并不简单。往往这将会是人类碰到的最高难度的挑战。恩斯特·霍姆斯在他的《科学思维的基本要点》中写道："每个个体的思想都有不同程度的体现，最微弱的思维都会启动吸引定律，产生与之对应的结果。"

1956年，厄尔·南丁格尔在度假的时候想要激发他的销售员，他录下了一段激动人心的对话，命名为《最奇妙的秘密》。在盒式录音磁带出现之前，这个录音因为其内容大受人们欢迎，于是便成为当时最畅销的获"金唱片"奖的讲话录音之一，其销量达到了100万张。然而最奇妙的秘密是什么呢？"你心里想着成为什么样的人，你就是什么样的人。"我个人反复听这句话不下于50次了。最奇妙的秘密，简单来说就是"一个人花大部分时间在想着的事情最终是会实现的。"这和下面的这句话有异曲同工之处，"你的思维聚焦在哪里，哪里就在膨胀；你的注意力投注在哪儿，哪儿就有增长。"

而早在厄尔·南丁格尔录下《最奇妙的秘密》的两千多年前，罗马帝王马可·奥勒留斯曾经说过：“我们的思想创造了我们的生活。”而且科学家的研究证明了哲学家们一直持有的观点，那就是负面的思想会让人的身体产生一种压力荷尔蒙，让人感到消极。然而正面、积极、愉快的思想则会令身体释放出许多有益的激素，这些会让人感觉很舒服。

《圣经》箴言中有一句说得非常有哲理：“一个人所成的就是一个人心里所想的。”

人生的思考

当你在思考时，你正在遨游；
当你恋爱时，你就具有了吸引力；
你的思想引导着你往哪里，
你的明天也将在哪里，
你逃脱不了你的想法所带来的一切，
但是你可以耐心地学习，可以高兴地接受一切。
你心中的愿望（不是那些毫无价值的幻想），
不管是简单的，还是美丽的，
或者两者兼之，都会实现，
因为你会一直被你最爱的东西悄悄吸引着。
你手中掌握的是你想法实现后的结果。
你付出的都会有所收获，不会多，也不会少。
不管你现在身居何处，
你的思想、你的憧憬、你的理想，
都会导致你失败、停滞或前进。
你将会和你所控制的欲望一样渺小，
也可能会像你剧烈的渴望那样庞大。

——詹姆斯·艾伦（英国哲学家、诗人）

确实，我们所想的跟我们所经历的是有关联的。我们想的，我们会使之实现。当我们的意识在仔细揣摩、思索计划的时候，我们的潜意识使之实现。历史上有很多哲学家以及诗人都有留下关于人们的思想、导向以及它们与人们经历的关联。

你的想法有股诅咒或祝福的力量。你的想法能引领你达到大富大贵，盈余和“拥有”的状态或者是缺少一切、被束缚、被剥削和“什么都没有”的生活。你可以控制你的想法，你的想法控制着你的行为，而你的行为控制着你的人生。

今　天

我关上昨天的大门，
那里装满了悲哀与错误。
透过那堵阴暗的墙，
我看到了失败和悲叹。
现在，我把这把钥匙扔掉，
再去寻找另一间房间，
那里充满了希望与微笑，
一切生机勃发。
没有任何灵魂愿意，
进入充斥着痛苦的房间。
妒忌、怨恨、怀疑，
也无法去迎接她。
我关上了昨天的大门，扔掉了钥匙，
不再担忧我的明天，
因为我已找到了我的今天！

——佚名

浩瀚的宇宙中有股力量奖赏那些在生活中有清晰正确的目标，并持之以恒为之奋斗，为实现它而奉献的人们。然而，当人们在自己知道什么是正确的面前却还是有所偏离或者退缩时，这股力量赐给他们的不再是奖赏，而是惩罚。如果你坚持自己的目标，你会发现你爱上你所做的一切，但如果你是做着一些与你目标毫无关系的琐事时，你将永远不会有所成就。

你大脑里想的，思索的一切确确实实支配着你的生活。普通人每天有5万至6万个想法。但问题就是，那些想法里面有99.99%都是在前几天遗留下来的。在这个世界上，有太多人今天想的跟昨天想的以及前天想的东西都一样。我们往往在脑海里反复咀嚼着同样、老掉牙的想法和信念，担心同样的事情，害怕同样的东西，关心的也是同样的事物。很显然，这些一个调子的想法反反复复地出现限制了我们思想的创新。现在应该做的是消除那些陈旧的、顽固的思想；开放大脑去接受新的想法、新的机会、新的梦想吧。要改变你的命运，首先就是要改变你的想法。但是改变你的想法并不仅仅就是改变你想的东西，还要改变你对你自己的看法，以及你为自己所创造的周围的一切。一个人改变了思维方式，也就改变了他的一生。明白这一点，能让你更加理解自身所处的环境，看事情会更清晰。你所想的一切将会掌控你人生的方向。

你的想法引导着你的人生，就是这么简单的一回事。整个宇宙中，一个人的思想是最具威力的，在一个人的人生规划成型时，其思想也是最具影响力的。你的想法在你孩提时到你现在这个时候就一直在左右着你的人生，所以说你才是唯一对你生活负有责任的人。不管结果如何，你能责备的或者能感谢的都只有你自己。具有挑战性的就是你要毫无疑问地坚定自己的想法。

只有掌握这一点，并且不断重复地温习，才会发挥出它的价值。你必须深深明白这一点。这是一个抽象的秘密，很容易就会被抛诸脑后。因此你必须坚持你的想法。虽然有很多人都认同这一点，但是只有少部分的人真正掌握了它的意义。这虽然是个简单的秘密，然而对一个人的成长和成功却有着关键作用。

人是不可能隐藏自己的想法的，一个人的态度、行为都反映了他的思维模式，而日复一日，这些态度、行为就形成了一个人的日常生活习惯，也就慢慢构建了一个人的性格特征，最后慢慢地显示出一个人的命运走向。在这个世界上，绝大部分的人从来都没想过他们的想法会把他们带往什么样的人生。既然如此，那么我们应该要去思索什么呢？《罗马》这本书就回答了这个问题，"超越事物的是真实的、诚实的、公平的、纯洁的，有趣的。那些好的事情，想想这些事情会带给你美德和颂赞。"我再加上一个，就是要想想你的目标。你过去的想法或者是未来的预设都不算什么，能影响你生活、改变你生活的是你当下此时此刻的想法。不要被过去所犯的错误所牵绊，也不要觉得对未来的构想有所限制。你有无限的潜能，那是因为你可以在现在这个时刻思索、规划，而此时此刻的想法则决定了你人生未来的方向。

思想的工具

人类和他的大脑，
都是使用了思想这个工具，
勾勒出他将会尝到的无尽欢笑，
又或者是无边的痛苦。
想法在秘密地酝酿，
他凭着外界窥视着，
实实在在地实现了。

——詹姆斯·艾伦

你只是需要关注自己的感觉，而不是致力于监控自己的思想。如果你的想法并没有让你更开阔、更成熟、更睿智地去看待事物，以及追求自我提升的话，那么你会感到不舒适、不和谐，这样你可以快速地重设让你感觉好一点的想法，这对你自身更有益处。

你，就是现在的你。你，之所以是现在的你，源于你的主导思想。而你此时的想法又在时时刻刻地影响着你的未来，你的命运。这个秘密是如此简单，其作用却令人吃惊，意义深远。

一个人对外面世界的看法都是通过话语、图片和画面滞留在大脑中。你可以去问那些穷人，他们脑中的话语、图片以及画面是什么，你会发现穷人大多数想的都是关于贫穷和不足。他们关心的是缺乏什么，不能做什么，满脑子充满的都是关于生活的不确定，手头没有钱等想法，一直认为“我是可怜的”！这些让他们心烦意乱，他们每天都在担忧着。戴尔·卡耐基认为“决不要批评、谴责、抱怨”。但是这些人往往就是背道而驰。也许他们从来都没有听过这样的一句话——“管好你的思想”吧！

看看成功的人士究竟想的是什么？富裕的人们头脑里又是怎么转的？他们脑海里的话语、图像还有画面又是如何的呢？他们关心的是创造大量的财富、富裕的生活，他们憧憬着去外国旅游，开上豪华轿车，住在昂贵奢华的房子里，从事生产力发达的产业。他们心里想的是成功，想着要为地球做出有意义的贡献。当你一开始改变你的想法和你头脑里的图像时，你的生活就会发生改变。当你一步一步实现你的目标或梦想时，你的大脑里会不断出现清晰的图像和思路，所以想想那些你想要的，而不是去担心你害怕的。然而必须意识到，有些思想是不能控制的，但也不必害怕它。没有必要去为自己负面的想法而焦虑，因为它们不像上膛的枪，充斥着强大的威力，能在瞬间爆发造成毁灭性的破坏。但你还有很多时间，只要你一发现情绪低落，有任何消极情绪时，可以自己调节一下，不要压抑自己，往自己想要的、积极的方面去想问题，事情会变得更开朗。

印度的一首散文诗很有道理：

思想创造了你的命运

小心你的想法，它们会变成你的言语；
小心你的言语，它们会变成你的行为；
小心你的行为，它们会变成你的习惯；
小心你的习惯，它们会变成你的性格；
小心你的性格，它们会变成你的命运。

反面教材不可能激励任何一个人

在美国，FBI（美国联邦调查局）是这样训练他们的成员辨别假币的，首先，他们要观察美国财政部印制的所有纸币的特征，当然，这些纸币都是真的。他们都要学会去认出真的 1 美元、5 美元、10 美元、20 美元、50 美元，以及 100 美元面值的纸币，直到他们能够轻而易举地辨认出真的美元。他们研究一张纸币的两面，记住合法发行的纸币的所有特征。因此，当 FBI 看到假币时，他们就会马上辨认得出来。他们并没有被这些想法所困，比如说这张钞票“哪里出了问题”“通常有什么破绽”，或是“假币经常性的错误”等。他们脑海中清清楚楚地知道他们想要的是什么。他们对真币已经了如指掌，假币对他们来说太陌生了。

如果你一直想着的是失败后的残局，那么这种想法会影响你的行动，会让你犯错，会让你失败。所以你要不断对自己说你要做的是什么，而不是关心你不能做的，因为这是消极的思维方式。我们的思维有很奇妙的能力。你想的最多的事情，也就是你最乐意去做的。大部分人犯的错误就是用否定句来设定他们的目标。例如，一个网球运动员会下定决心不会在比赛中再发球失误。一个职员也许想着不要迟到这么多次。减肥的目标……不要那么胖；以后讲话不要那么大声，速度不要那么快，不要经常感到郁闷等，这些都是以否定句来设定的目标。而我们不能用这种句型来设定我们的目标。

这样来理解吧！恐惧与你的目标是背道而驰的。人的思维不能聚焦在一个想法的反面。“发球失误”这个词在这个网球运动员头脑中根植下来，一直在提醒着他或她要避免的错误。不要迟到只是让这个职员意识到问题，并没有找到解决的方法。当我们想着要减肥，我们的脑海中出现的图像是我们肥胖的身形。然而我们的大脑需要的图像是我们想要的体重、身形，而不是我们要减去多少磅的脂肪。如果老是想着不要不开心，这倒是会让你很难开心起来。

这和一句俗话“不要犯错”的作用是一样的，或者对一个在地面没有设保护网的走绳索的人说:“大风天，千万别摔下来哦!”都具有同样消极的影响。你的思维总是会引导着你朝着当下的想法而靠近的。

相反，对网球运动员来说，他们应该对自己说的是:“不管怎么样，先发球。”那位经常迟到的职员可以这样鞭策自己:“我可是一个准时、很有时间观念的人啊，”而想要减肥的话，脑海中可要经常想着“我现在越来越接近我想要的体重了。”“我讲话速度放慢了，清晰并且很有自信。”“在压力下我也能保持平静放松的心情。”这些都是正面的目标设定句子，是在大脑里绘出的成功意象，正是这些推动我们往我们想要的方面前进，而不仅仅只是改掉我们的坏毛病。不要在后视镜里审视你的人生目标，应该聚焦在你想要去到哪里。

在我们人类彼此的关系中，在这个物质的、金融的世界中，我们都有所成就，然而所做的一切并不如我们的思维引导着我们的方向和趋势所重要。这简直就是一个奇迹，一个如此简单的东西，却不为大部分人所知。但是，我认为这也是有答案的。有些人控制了自己的命运，创建了一个意义非凡的生活，享受着富裕和荣华，但是有些人却没有如此选择。有些人选择了成功，而有些人却没有。成功的秘诀是任何人都可以得到的，只要他们愿意去学、去用。这也非常容易理解，你的思维控制着你的人生，但是你却可以控制你的思想。运用这个具有强大威力的秘密吧——“吸引定律”，让它为你服务。你可以实现你的梦想的，因为人类本身都是一块吸铁石。

让梦想成为现实

简单的思维活动就足以在你大脑中激起漩涡，其无形的能量在发挥着它的作用，而周围的条件则开始慢慢地使你脑海中的意象成为现实。正是这股超能量推进你不断往前想，时时刻刻都带着目标、期望和行动，比如移动山丘，分裂江河，或做一些“不可能”的事情，一直坚持到底，水滴石穿。

这就是你的思想如何成为现实的，这就是它们将这么多要素怎么变成活生生的可以衡量的实体的过程。并不是仅仅浮现于稀薄的空气中，而是无形中的一股力量在操纵着这个过程：开始改变、变体，并配置你生命中的一些要素，使之与你心目中的想法达成一致。换句话来说，这就是吸引力法则在起作用。

吸引力法则可以解释为：让思想成为现实。这也是为什么会存在着一个这样的定律。在任何语言中，没有其他任何三个词能比“意识、成为、现实”这三个词能告诉人们离自己脑海中设定的目标有多远，作为一个思考者，一个决策者应该考虑的事，启发了人内在的超能量，使之成为强大、不羁的创造者。

很显然，很多人都觉得他们没有那么显著的力量，没有那么强大。

——宇宙

theuniverse@ tut. com

3. 你忽略了什么

> 很显然，每个人都需要上一堂课！
>
> ——马克·吐温

在我的每一次研讨会之初，我都会竭尽全力劝说大部分人退出。因为有些人想法不确切，这个缺点往往会让他们的努力白费，或者他们根本没有想着尝试去从中得到转变、突破和知识，而正是这些推动着他们不断往实现自己的梦想和成就前进。我的研讨会教的是宇宙定律，为此我感到很自豪。我所说的宇宙间的定律绝不是关于什么好主意之类的方法理论，它很实用且效果很好，能让你最便捷地从你现在这样的状态达到你的梦想。

这里讲的也是同一个道理。人们一般都会忽略了一些想法、方法或策略，这些都是缺陷，所以在这里提醒一下。

在参加一些大型的研讨会之后，一些人会想："这个研讨会真值得参加！"但是说这话的人指的是，他们在三天时间里可以听课，又可以娱乐放松，而实际上他们并没有真正地去实施操作所学的东西。这样一来他们根本就没有参与进去，他们在这个研讨会中绝对没有达到高层次的要求。他们常常看到去学习过的人所取得的巨大突破，于是对其特别感兴趣，所以他们也加入进来，因为他们看到了其他上过课的人所获得的惊人成就。

或者他们心里暗自说：我已经知道那套大理论，我的主意比你的更好。关键不是排斥新鲜的知识或拒绝反对，而是消化吸收新事物。

所以现在是时候了，停止忽略，走进你生活中有用的点子、方法和策略。吉姆·罗恩，这位睿智的大师，写了一篇意味深长的文章："我们所深思的，我们所考虑的事给我们设置了一堂人生的课。只要我们想要，任何时候我们可以自律地要求我们去完全改变；只要我们想要，任何时候我们都可以打开我们的思想去接受新的知识；只要我们想要，任何时候我们都可以投入一个新的活动；只要我们想要，任何时候我们都可以开始我们的人生转变。我们可以马上动手，或等待下一周、下一月，或者来年。”我们也可以一事无成。我们可以装装样子而不是亲自动手。如果改变自己的想法让我们感到不舒服，那么我们还可以维持原状。我们可以选择休闲而不是劳作，选择娱乐而不是教育，选择相信错觉而不是真相，选择犹豫而不是自信。选择权在自己手中。但是一旦我们抱怨结果的时候，其实就是在继续培育诱因。对因果的更深领悟点明一切并不都是命中注定，而有个人的努力因素在其中。

莎士比亚以他独特的洞察力得出一个结论：“错误不在我们的命运，而在于我们自身。”我们过去的选择创造了现在的环境。从今天起，我们都有这个责任和能力去我们的未来做出更好的决定。所以当下不要再对那些影响我们生活的好的思想、主意、经历视而不见了。你认为自己有更好的主意？不要忘了，正是你自己最好的主意和想法引领你走到今天的地步。

4. 压力和挣扎与力量和流动

> 何必为衣裳忧虑呢，想想野地里的百合花在怎样生长，既不劳苦，也不纺线；然而我告诉你们，就是所罗门极享荣华的时候，他所穿戴的，还不如这花中的一朵呢。
>
> ——《圣经·马太福音》第6章

放任的艺术

本章的开篇引自耶稣的一句话，我认为耶稣说的是关于放任的艺术。“旷野中生长的野百合”不费任何力气，不需关心和照料，就可以生长，并绽放出最美丽的花苞，尽显华丽。这个秘诀就是只需靠你来自内心真我的灵感和直觉行动……这要靠你坚持不懈的练习以及持续的静思冥想。

所罗门国王在古时候可是最富有、最具智慧的哲学家。当今很多学者都认为他所写的《圣经箴言》包含了最好的忠告，英明的建议还有意味深长的哲理，这些至理名言可都是无处不在地书写着我们身边的故事。当所罗门王在写下这些鼓舞人心的文字时，他肯定是受到了冥冥宇宙中的一股力量所激发和触动。在当今这个以金钱为评判标准的世界里，如果要算资产净值，所罗门国王甚至居于比尔·盖茨之前。很多人都会感到郁闷和受困……被他们当下的环境所限制。不管你现在处于什么样的状况下，那都只能算是你现在的状态而已，并且你是可以改变它的，仅仅所要做的就是改变一样——你的思维模式而已。只要能够运用吸引定律就可以改变这一切了。

如果你要改变你现在的状态，你所需要做的就是改变你的思维模式。吸引定律的姐妹定律——期望定律指的是，“不管你希望得到什么，只要你有足够的信心去得到它，那么它最终都会实现在你的人生中”。这两个定律内容类似，就像一对姐妹一样。这是一股强大的吸引力量，它能将实现你的目标所需的人、环境和资源吸引到你身边。就如成功大师鲍勃·普罗克特曾说过：“渴望将你和所渴望的事物联合起来，期望则将它推进你的生活。”期待你想要的东西吧，不要让你不想要的东西分散你的注意力。行销学家丹尼斯·威特利也曾说过：“用积极想法的反面去教导人们，你是不可能成功地去激励任何一个人。”比如说，“你不应该再抽烟了。”这是个没有任何说服力的表达方式。因为此时你满脑子想的都是“抽烟”。当美国前第一夫人罗纳德·里根夫人喊出她的戒毒活动口号“对毒品说‘不’”的时候，她就注定要失败的了。她败就败在她根本就没有理解这个道理——“你是永远都不可能用积极想法的反面去成功地启发、鼓舞或去激励任何一个人。”毒品反过来是什么呢？一个健康的生活方式，对，这才是她应该大力宣扬的。美国教练兼作家，詹姆士·雷说过：“大多数人都会关注自己的现状，然后他们会说，‘我就是这样一个人了。’”但是我要说，那根本不是现在的你，而是曾经的你。打个比方吧，就算你现在存折里的钱少得可怜，或者你还没拥有你想要的感情，或者是你的健康远远达不到标准。这都不是你现在的状态，那只是你过去的思想和行为遗留下来的残渣。所以说，我们是在我们之前所留下的环境、状态中继续生活着的。当你的现状已经像上面所描述那样，如果你还坚持想你之前所想，做你此前所做的，那么你的未来也不会比现在好多少，或者更差。

不要去关注那些你根本就不想要的，不想参与的，或者任何消极的振动力量。就如上面提过的丹尼斯·威特利说过的道理一样，你是不可能用反面例子去激励和鼓舞人心的。不要为那些和现在的你不协调的事物劳神，而就在你转移你的注意力时，你“现在的积极的振动力量”会做出调整，感受到真正的你，然后你就可以有能力去鼓舞他人了。

生活可以多姿多彩

一次，我在一位美国的玄学家演讲会上听到丹尼斯·威特利提到:“奋斗是一个人生命中宏伟的史诗。”对此，我做了很多笔记。他确实是一个很好的故事家、演讲家，给人们传达了全面而积极的观点。但不久之后，我渐渐发现他是错的，至少错在这一点上。但是也可以说他只对了一部分，对大部分人来说，生活就是不断努力奋斗的过程。但是只要你用心去理解这本书的内容，你会发现其实不然。

生活本应该是多姿多彩的。在我的生活中、我的研讨会中，至少要做到的一件事就是要享受，要开心。迪巴克·乔布拉才是正确的。大多数人都缺乏一种天性，就比如人类体内的免疫系统缺乏维生素C之后会容易感冒或流感一样。而我碰到的有些人却缺乏一种享乐的天性。对此，我能断定的就是这样只会让你的人生很无趣。

愤怒——排斥定律的主角

劳伦斯·J·彼得曾说过:“你愤怒时所说的话会让你后悔终生。”我认为他的这句话指的是在金钱方面的处理方式。而在我个人生活中，当我不能控制自己的坏脾气、冲动愤怒时，往往都会在金钱和感情方面吃些大亏。

我20多岁时，正在发展我的建筑事业。一次，有个年轻的会计，他大概20多岁左右，打算购买我建的一幢房子。那可是一幢价格不菲的房子，风格独特，坐落在独一无二的岩石上，别具一格。他请了他的老父亲来帮他讲价。最后一番讨价还价，我们达成协议，他也买到了那幢房子。现在我也忘记了当时他父亲对我说了些什么或做了什么，当时我非常生气，打了个电话给那位六七十岁的老人家，我几乎都是在咆哮，还警告他以后如果在路上碰到我，应该闪到另一边去，要不我可会对他不客气的。想想那时多愚蠢啊？我简直就是白痴一个。几年后，我的事业陷入了财政危机。我还有15幢卖不出的房子，而那时房产业处于低迷状态，没什么人会买房子。我只好寻求合法的却毫无道德可言的财政资助。那就是高利贷，只要有一丝机会，他们就会乘机狠狠砍你一把。

有一样事情他们倒是行动得很迅速。那位按揭经纪人和我商量才几分钟的时间，我将我当时的状况和拥有的资产如实告诉他，但是贷方按惯例办事，还没等到我的经济情况有点好转时就停止继续贷款给我。那时我认为我大约还需要50万美元的短期贷款，是以我个人的物品加上我名下的价值100万的三幢房子抵押，这样就保证了他们的利益。于是他们按要求贷款给我，几个月后，我筹到了足够的钱，连本带利地还给他们，他们都很震惊。因为他们觉得我不可能这么快就恢复产业，筹集到资金还贷的。他们本指望我无法赎回，想收回我抵押的房产。

好笑的是故事还没有完。还记得那个六七十岁的老父亲吗？对了，我的按揭经纪人那时就想从他那儿借款来资助我的。那个老人显然非常有钱，而且曾经和这家按揭公司投资合作过。

我很清楚地记着他的名字埃尔伯·朱克，当我知道是他的时候，我说："哦，天啊，我认识这个人，他不会借一个子儿给我的……他肯定不想见到我。"但是中介人只花了几分钟的时间就得到他的回复了。他挂断了电话，对我说："你只说对了一件事情，就是他不想接见你，但是另外一件你却错了，他还是会把钱借给你的。"哇，如果我能在短短5天内拿到贷款，我就有足够的资金继续建完房子，那样的话我就可以展示给潜在买主，尽力卖出它们。我跟他们贷了一笔巨额资金，而跟他们商量好的利息是25000美元，但是我那时太冲动了。确实，我为当时的一时冲动和愤怒付出了高昂的代价，当时心态不成熟，不能理智行事。如果之前我能和老朱克先生商量一下，稍微妥协一下之后，我就很容易从他那里得到一些财政上的直接资助，可以发展我的家庭居室建筑计划了。所以当时的火气的确是给了我很大的教训。每当我容易动怒时，只要回想一下这件事情，我都会平静下来。这对你们来说也是同样的道理。

所以你要对自己的生活和你所有的行为负起100%的责任，当你感到愤怒时，采取必要的行动跟随灵感的指引，让内心平静下来。这样做会让你更快地运用到“吸引定律”中去实现你的目标和梦想。这正是宇宙的运作方式，我很高兴自己知道这个定律，也知道如何运用睿智的秘密。只要你用心去学，你也可以做得很好。选择运用力量和流动，而不是压力和挣扎的老套路吧！压力和挣扎确实有用，但是谁想整天被压力、困难和问题所烦恼呢？

放飞自己

我想佛陀是第一个说出这段哲理的人：“忍耐你所不能忍受的。”大约在20年前，我第一次参加鲍勃·史蒂文斯的研讨会，那可是我参加的第一个研讨会。当时在研讨会分享过程中，我讲出了自己的心声，我是多么希望我生命中最重要的人——我的妻子，不要再撒谎了。我激动、语无伦次地表达着，讲述着我们的状况，这时他打断我，只说了一句简单的话：“忍耐你所不能忍受的。”然后就走开了。这毫无修饰的，或者可以说是简单的几个词语在这些伟大的思想家和哲人的口中像谜一样耐人寻味。

所以自此之后，我都牢牢记住这句话——“忍耐你所不能忍受的。”我突然醒悟过来，脑海里只顾想着消极的事会成为你不想看到的现实，至少这些消极也是合谋制造今天经历的帮凶。别忘了，你的注意力在哪里，吸引定律就会带给你更多你想要的，激情和强力的情感更是心想事成的催化剂。生活中，当我讨厌某件东西，都是感性胜过理性，这种强烈的痛恨感只会让世界带给我更多仇恨。

所以，从这里学到有价值的一堂课吧！不要给自己有一分钟、一秒钟的时间去考虑你不想要的东西。著名艺术家林克拉特的女儿几十年前因过量吸食毒品而死，他用他千万家产到处疯狂地演说。不过，那可不是一种正确的做法，而是一种仇恨引起的疯狂，一种发自内心对毒品的仇恨，痛恨毒品对美国年青一代，包括他死去的最爱的女儿的残害。他在全美做了大量演讲，都是关于那些吸食街头毒品引发的负面后果，也写了很多关于这方面的书，到处都有他出版的书、杂志、故事等等。年复一年，他付出很多，却收效甚微。就如丹尼斯·威特利说的一个道理:“用积极想法的反面去教导人们，你是不可能成功地去激励任何一个人。”

忍耐你所不能忍受的。为什么要这样？用吸引定律可以很简单地解答这个问题。当你在抵抗、忍受着特定的环境或条件时，你其实是把自己所有的能量都聚焦在那上面，然后通过“吸引定律”的作用，你会克服困难吸引更多你想要的走近你的生活。

当你心怀赞赏和感恩的时候，其实就是向宇宙表达了你现在很愉快、很满足。你很明白，快乐在于过程而不在于结果。这样你其实是将你和你的目标区分开来。赞赏和自爱是你要培养的最重要的两个方面。赞美别人，赞美自己是最亲密的、最振奋人心的能量来源，这是宇宙中任何其他能量来源都不能企及的。

要想一步一步顺利实现你的目标，最重要的要明白这个真理，就是不要刻意去忍受或抵抗你不想要的东西。宇宙时时刻刻都在扩展着，当你刻意去克制或者抵制某些东西，其实你已经为自己埋下了一个致命的大错……这样你的头脑就会呆滞地被你不想要的事物套牢，那些你鄙视的东西。导致的结果是，由于吸引定律的存在，它会把你正不想要的东西源源不断地带给你。弄清楚了吗？所以别让那些消极的思想，那些你痛恨的不幸经历和故事，即使是一分钟的时间也不允许占据你的头脑。一旦这些想法出现在你的脑海中，你只需简单地说出这个词“下一个”然后马上转变思维。虽然你不能控制你的思想，但是你可以指引它、引导它，这就是关键。

亚伯拉罕曾说过:“如果你不试着以抵抗对抗抵抗，那么它会神奇地自行消失。情况确实会缓和许多。试着去实施吧!”下次如果有人对你说:“我才是对的，你错了。”你可以顺着说:“对，你是对的，你是正确的。你一点都没错。”而且要表现出真心真意。换句话来说，不要去挫败和嘲弄他们。不要高高在上。“你是对的”，这句话一出口，你可以看到他们一下子都泄了气，没有任何欲望去抨击你，因为你的话等于是釜底抽薪，泄了气的气球。

珍爱现在的你

不管你认为你现在的生活有多糟糕，周围的环境和状况都不会有任何改变，除非你开始谨慎地做出明智的选择才能让你更靠近梦想的方向。你要相信，其实现在的一切就是最完美的时刻，从这一时刻开始创造你的梦想实现之旅。

当未来不遂人愿的时候还保持一贯的激情是件很难的事，自身的感觉会告诉你，你是顺应自我的指引，还是背道而驰。一旦你明白你自身的感觉，这种感觉指引着你接受或抗拒的程度，这样你就掌握了创造任何你想要的东西的关键。

珍爱现在的你，无论美好、善良，还是丑陋。因为你现在无法想象，甚至不能理解，从现在的位置到你想要去的地方的这段旅程中，你会经历怎样无穷的快乐。

5. 情绪左右你的生活

> 自始至终掌控你的情绪，开始有意识地慎重地重塑你的生活。
>
> ——安东尼·罗宾

我们每个人每一天都在这个情绪刻度表的某一点上徘徊，心理学家称这个为情绪调整点。所以当你处于这个情绪刻度表较低的位置时，不要担心，还是有好消息给你的。这个好消息就是，你可以改变这个情况；更好的消息是，如果你改变了情况，把你的情绪点移向刻度表的上方，那么你就很容易将它移至爱心、快乐和赞赏那一点上了。而最好的消息就是，这过程并不需要几年的时间。大多数人的一生大部分都沉溺在这个情绪刻度表的底层，这之间的改变只需几天或几个星期的时间，从这一点上来说，这已经是非常快的速度了。“心理学之父”威廉·詹姆士常说:“大部分人都是生活在沉默的绝望之中。”

你可以通过调节自己对某件事情的注意力去调节你的情绪设置点。最关键的一点就是，你要明白慎重地作出自己的选择，达到自己期望的设置点所包含的高度价值，因为你一旦将你自己的信念和你的渴望结合起来，使其达成一致，这时当你很强烈地希望你生命中出现或发生一些事情的时候，那么它就会出现的。当你心里充满足够的“为什么”时，你会吸引更多的“如何解决”的方法。具体细节会有不同，但是和谐一致的本质最终都会紧紧相连。

心情是你在情绪刻度表位置的指示器。当你的思想坚持关注在某个想法时，你会发现自己越能轻而易举地持续关注，因为吸引定律吸引了更多类似的想法来迎合你。所以，从情绪方面来讲，你其实是要培养一种心情，或者说你正在达到一种惯性的和谐的最佳状态，可以说，是要达到情绪刻度的更高一级。

关注你的感受和心情。你的情绪绝对可以反映得出你现在位于哪一刻度。通过它们，你可以知道自己的潜意识究竟有没有与你的目标和欲望达成绝对统一。

有趣的是，如果你一直对某件事情感觉良好，结果不可能会变得很糟糕。因为你的感觉一直都是你抵触或允许这两种情绪的最好的反应器。一旦你明白这一点，你就掌握了创造你想要的东西的关键。不是你的情绪在创造，但是它们确实可以反映出你当时在吸引些什么。负面的情绪则表明，你当时的选择、当时的思想与你内在更高的自我极其不和谐。你的想法、信念还有欲望并没有同步，没有紧密结合在一起。

拿破仑·希尔的《思考致富》堪称是该领域的经典之作。他说:“积极和消极的情绪不可能同时占据一个人的头脑。肯定有一个要占上风的。所以你的责任就是要保证积极的情绪一直处于支配的地位。”

罗撒蒙德和本杰明·桑德（波士顿交响乐团指挥）合作写了一本书《可能的艺术》，这本书就给我们指引了一种愉快的、让自己放松的方式，别把自己太当回事。其中描述了我们是如何让自我制造这么多麻烦，看似偶遇的压力、烦恼和焦虑都是我们亲自贴上的标签。

两国总理正在一间房间里坐着商讨国事。这时突然冲进来一个发疯的人，咆哮着打断了他们的对话，大喊大叫，不停地锤着桌面，显得很愤怒。于是本国的总理上前劝服他:“彼得，”他说,“要记住第6条规定。”不知道为什么彼得一听到这句话就马上恢复平静了，连声道歉着走出房间。

两位政治家继续他们之前的谈话，可过了20分钟后，他们又被一个歇斯底里的女人给打断了，她一直剧烈地舞动双臂，拼命做着手势，头发都飞起来了。这位入侵者最后还是被“玛丽，不要忘了第6条规定”这句话给安抚了。她后来也平静下来，鞠躬道歉，然后也悄然退出。

这样的情形反复发生了第三次时，进行国事访问的那位总理就好奇地问道:“我亲爱的朋友啊，我阅历也算丰富了，但是没见过这么奇怪的事情。你能告诉我这第6条规定究竟是什么吗?”“很简单,”这个总理回答说:“第6条规定就是‘别太把自己当回事(不要总是打破沙锅问到底)。”“啊,”他的访客说:“这真是一个好规定。”然后他又想了一下,接着又问:“那么我可以问一下,其他规定是什么吗?”

“只有这一条准则。”

当你发现自己正在生气,倍感紧张、压力或焦虑时,请记住“第6条规定”,然后对自己说“下次”这两个字,不要再继续想那些让你精神疲惫的事情了。

要记住:你不是你的工作、你的成就、你的财产、你的房子、你的家庭……不是你拥有的任何东西,你只是作为一个体验人类短暂经历的强大灵魂而存在。

6. 人的信念是什么

> 一个人面对的最大压力是什么呢？他的回答居然是“找不到自己的信念”。
>
> ——汉斯·薛利

乔斯·奥特加曾说过：“生活就是一连串与未来的碰撞，它并不是我们所拥有的总和，而是我们所期望的具体化。”接下来要讲的秘密对大多数人来说会非常神秘。你相信一样东西，就意味着你认为它是正确的，是真理，心理上接受它，毫无疑问地相信它。信念法则说的是，不论你的信念是什么，只要你是怀着激情和坚信不疑，那么它最终是会实现的。发生在你身上的事情正是一个反馈机制，这可以让你时时刻刻注意、监控、衡量你当时的信念是什么。可以说，发生在你生活中的事情就是你信念的反映。《新约》中提到：“你的命运操控在你自己的手中。”《箴言》这本书也说到这个道理，“一个人心里在想什么信什么的，那么他也就成为什么样的人。”纵观历史，人类也察觉到一个人的信念在我们看事情、想事情和做事情上都扮演了主要的角色。如果你很坚定地相信自己注定要做大事，那么你所想的、做的都会往这方面靠近，最终你会实现你的梦想。你必须相信你是个幸运儿，幸运的事情都会接连不断地跑进你的生活，这样想一下，那么那些好事真的会在你的生活当中实现。有一首短诗是这样描述的：“两个人同时从监狱的窗口向外望，一个看到了沼泽泥地，另一个却看到了星星。”意识法则也是如此的：“你的想法是你周围物质世界的反映。”你自己的想法最终会成为现实的东西。只要观察一个人的生活，你就可以了解这个人平日里大多数时候想的是什么。你周围的环境会毫不留情地映照出你的信念。

我们所期望的一切，都始于我们的信念，所有的事情都是如此。耶稣也说过:“只有你相信，你才能完成它。”你的信念有可能是你的监狱，也有可能让你盲从，也可能会阻碍你成功。我们可以去决定发生在我们身上的事情。小心你的信念，以免它会成为你的限制或牵绊。因为十几年来，这个行星的一半人都怀着痛恨另一半的错误信念。

“真相”只是一种被信奉一段时间的信念，而信念则是一种长期在脑海中坚信的思想。

威廉·詹姆斯说过:“我们的信念如果不坚定，那么就不能保证我们的成功。信念创造了现实。”迪巴克·乔布拉有一句话:“没有任何东西能比得上信念对身体产生的作用力更大。”积极的信念其实就是一个能开启成功的钥匙。反过来说，消极的信念其实是囚禁我们的监狱，是阻碍我们成功的羁绊。其实你往往是你信念的产物，你的信念创造了你的现实。不管你的信念是什么，只要你投入了感情激情，那么你就会梦想成真的。你的信念创造了你现在的生活境况，因为信念是你日常活动的行动大纲。你对生活的信念、你的世界观，其实就是你到底是个什么样的人的基础。你的所作所为都是由你的信念所引导，包括你的行为、你的习惯、你对别人的态度等，以及你做的所有事情。信念决定着你最终的生活状态。你的个人生存价值观，还有你的信念，都是你所坚信的一切的总和。你的信念包含了你坚定的信仰和你自身的激励原则，但不幸的是，它同时包含了你曾经坚信不疑地认为“地球是平的”和“复活节的兔子（传说复活节彩蛋都是兔子的)”。这些观念都深深地植入在你的意识和潜意识当中，它们掌控着你的人生，指引着它的方向，操纵着它的变化。你内心的信念创造了你。你的信念创造了你的生活。我们都是通过我们所相信的真理而诠释我们身边的世界。你相信你是怎样的，那么你就是怎样的，你认为别人是怎样的，那么别人也就是怎样的。你所有的机会和经验都是源自你个人的信念。

美国伟大的建筑家弗兰克·劳埃德·赖特曾说过:“你如果非常确信发生了某件事，那么这件事结果真的会发生；这其实是你对这件事的信念让它发生的。”古往今来，不管是古代的，抑或是现代的至理名言，都强调了人类思想对我们的生活和周遭环境产生的作用力。大多数人从来都没有思考过这个问题，“你的信念创造了你的生活”，别去为你的根本信念是什么而自寻烦恼了。

这是一个世界级的大谎言，认为在任何一个人生命的某个特定点上，我们都失去对自己命运的操控，于是我们被命运掌控着。这其实是认为我们失去了选择自己命运能力的错误信念。

当你坚信某事时，头脑中也充满着策略和智慧。你其实也为这个信念做好了准备，所以它最终会成为现实。当你深信某件事情时，你其实就已经超越了你现在所能想象的，发现外面更广阔的天地，发现了其他可能性。埃莉诺·罗斯福说过一句话：“相信你自己，你就会有力量、勇气和自信。去面对你人生中遇到的任何恐惧，你必须去做那些你认为自己不能做到的事情。”沃纳·范·布劳恩写了一句关于信念的明言：“不要滥用‘不可能’这个词，要小心谨慎。”

佛教创始人佛陀释迦牟尼也曾说过一段话：“不要相信你所听到的。”

不要相信传统，
因为它是世世代代流传下来的；
不要相信任何
被重复多遍的事情；
不要相信纸上描写的
来自某些长者的贤人的话语；
不要相信臆断；
不要轻易相信权威或老师或长辈们；
要谨慎地观察分析；
当有理可以论证，它自然能证明所有一切，
然后接受这个信念，以它为生。

如果一个信念是值得坚持的话，那么它也经受得住任何疑问。我在一次研讨会上听过有一个人讲:“听佛陀的指示，如果妈妈说她爱你，你也要去亲自证明它。”

不要过分关注你人生中所失去的东西，因为生活会带给你更多你一直关注的东西。人生中的羁绊确实就是信念这个问题，向我们发出挑战，看我们能不能通过它、超越它。

你相信什么？你不相信什么呢？思考这些问题对你很有益处，然后可以问自己：这些信念是来自哪里的？大家曾经都相信这个地球是块平地。著名天文学家伽利略发现了地球是围绕着太阳转的，而且地球是圆的。因为这个论断，他一生被软禁。这个故事只是发生在400多年以前而已，现在没有人再会认为地球是块平地了。改变你的生活其实就是改变你自己相信的东西。你现在最坚定的信念，其实在为你以后的生活打下了基础。

亨利·福特的一句老格言说的是:“不管你觉得自己能或是不能，你都是对的。”你的信念贯穿于你每天所经历的事情当中。这些经验都是你人生的课程、工具，促进你个人的成长。要培养一个坚定的信念，就要坚持着，注意力集中在一个清晰、明确的目标上：想象你想成为的，想要拥有的，或想要去做的目标。要记住拿破仑·希尔著名之言:“不管人的脑袋里构思的是什么，深信的是什么，它都能够实现。”每个人都有意识或无意识地，自动吸引他们所相信的东西来到他们身边。

你会发现，我并没有问你有自己独特的生活哲学观，或信仰的核心。那是因为，不管你有没有意识到，确实是有一个信念在指引着你。虽然我们并没有怎么有意识地去培养，但是我们每一个人从婴儿时期到现在，就已经具有社会观、物质观和精神观了，这些就构成了我们个人的信仰系统和哲学观。每个人都有一个信仰系统。而我们必须要问的问题是：这个信仰系统对我们自身的发展有好处吗？这个答案应该建立在我们个人的目标和抱负基础之上。

这一点也很重要，就是知道你的信仰可以进一步发展。亚里士多德写道:“一个人的哲学观在50岁之后才发育成熟。”你自己的核心信念还是会随着你个人思想、智慧，还有想法的不断扩展而逐渐成熟。

发生在你人生的事情都源于你的期望。它们都是你的梦想、你的人生、你的选择。你可以掌控自己的信念和经验。到现在，你也许会意识到冥冥中，我们的经历就是我们把它们吸引进入我们的人生当中的。我们不可能总是得到我们想要的，但是，我们常常得到的是我们期待和确信的。好好操控你能控制的唯一东西，那就是你的意识。通过吸引定律，你的信念和想法都会从你身上散发出去，然后以具体的形式回到你身边，带给你相应的经历。

记住，不管你相信的是什么，你都会实现它。通过这个定律，你不但可以创造你想要的一切，也同时创造了你不想要的一切。你的信念创造你的世界。

大约500年前，有一个名叫克里斯的人，他想要得到一份投资进行一次探险。每次跟潜在投资者说起这个方案时，他们都是同样的回答："不行，克里斯，我们不会投资给你的。你简直就是疯了，你没见过地图吗？这个地球是方的，当你到达边缘的时候，那里都是恶龙生存之地。"地圆学说的信奉者克里斯多福·哥伦布还是启程了，他要向世人证明他所认为的正确观点，当他到达误认为是印度的新大陆之后，却被牵绊住未能成功登陆。因此他没有登陆上了印度，而是上了佛罗里达州的岸边，然后发现了美洲。这个故事说明了一个道理，你必须去做你认为是对的了，然后就可能从中受益。在发现美洲那一刻，他其实同时证明了地球是圆的，也就在那个时刻，公众也逐渐接受了地圆学说；这不仅仅对克里斯多福·哥伦布来说是如此，也说服了整个世界。难道地球原来是方的，现在才变成圆的吗？很显然，哥伦布用行动证实它本来一直都是圆的。你自己的生活中还有什么没发现的大陆吗？还是因为"地球是方的"或"复活节的兔子(传说复活节彩蛋都是兔子的)"等信念影响了你。记住这一公式：改变你的信念=改变你的人生。也许是时候创造一个新的信念来提升你的人生了。

更和谐的感情关系、更健康的身体，还有更多的财富。有一个方法可以让你实现你的欲望，很显然，它不同于你煞费苦心地去追求它。这个方法就是要求你不要试图致力去实现它。而且它非常有效！不管你现在处于什么状态，你都会逐渐走向富裕、繁荣和荣耀的生活。但是你必须去开始新的、振动人心的行动。有些人对疯狂的定义是，"重复地做一件事情，一遍又一遍，然后期待每次都有不同的结果。"

对那些心存强烈的消极信念，不肯放手的人，我都会给他们讲一个关于信念的故事。佛陀也是用这个故事训诫他的信徒们。从前有一个人，养了一个可爱的儿子并且非常疼爱他。有一天晚上，他出去了一会儿，当他回到家时，发现房子已经被烧毁了，而他的儿子肯定是在家里。这个父亲为失去儿子感到万分悲痛。父亲并不知道的是，有帮匪徒曾抢劫了他的家，然后放火焚烧了一切，带着被绑架的孩子逃往遥远的乡村。多年后，男孩渴望和父亲团聚，逃出贼窝终于找到了父亲新建的房子。他敲响了门听到父亲大喊："谁啊？"于是男孩说："是我啊，爸爸，你的儿子啊。"这个父亲一直认为他的儿子已经死了，他认为有人是在作恶作剧，所以拒绝开门。男孩哭喊着："真的，真的是我啊！"这位父亲仍然拒绝开门。他从心底就一直认为儿子被烧死了，就是这个错误的信念让他不能和儿子团聚。于是佛陀劝告大家说："看好你的信仰，因为当某一天真相来敲你的门时，你却不让它进门。"

你的信念会在你的生活中实现，这是事实。在20世纪70年代，如我之前向大家讲过的故事一样，我那时在加拿大维多利亚市从事建筑行业。到1980年时，作为一个承包商，我的建筑事业已经发展得如日中天。27岁的时候，我已经成为温哥华当地的十大建筑商之一。到1980年时，我的事业简直蒸蒸日上。我很幸运，几乎没什么阻碍，每年我都可以赚30多万美元。我开着崭新的凯迪拉克汽车，每年都去世界各国旅游，在最好的餐厅里享受美食。我建了一个5000平方米的豪华别墅，里面有两个热水浴盆，可以自动打开的游泳池，都是用太阳能的；一共有5间卧室、5个浴室，里面的水龙头都是黄金做成的，一个超大的斯诺克桌球室，一个崭新的配备冰箱的酒吧台，还有种植蔬果的温室和工作室。这个别墅是由加拿大一位最优秀的建筑家设计的。而且这幢别墅坐落在风景别致的地方，可以眺望宽广美丽的海洋山峰。我花了125000美元买下那块地，用了30天付清这笔账。当时是1980年，我一共花了440000美元在那幢房子上面。我到处东拼西凑，最后终于找到了最大的按揭公司可以抵押房产，但是才得到200000美元。我对贷款者说："喂，我上一年就卖了335000美元了，我需要80%的贷款。"我至今还清楚地记得其中一个银行家对我说："没错，但是你不是医生，也不是律师，你的收入动荡不定时高时低。"利息提高了20%，我们的经济状况瞬间就崩溃了，销售房地产的收入全部戛然停止。在房产业逐渐低迷的市场下，我还有冒险建造的17所房子未能售出，每个月得花29000美元的房屋维护费，即使是火箭专家，不用怎么大伤脑筋也可以推测出我很快就要濒临破产了。事实也的确如此。过了几年后，我搬到了佛罗里达州南部居住。怀里揣着我仅剩的100美元，徘徊在杂货铺门前。我把一盘磁带放进我的林肯大陆牌卡带录音机，传来厄尔·南丁格尔的声音，我备受鼓舞引用如下："你的周围环境就是一面无情的镜子，映照出你的态度。"另外，他还指出了你的态度就是你的性情的反映，而你的性情又反映出你的内心信念。我当时想："没门！我可没打算让自己走到这步田地，没门！"我花了很长时间才明白，不是任何人让我处于如此地位的，我不能去责怪经济萧条、商业伙伴或任何人。都是我自己一人作出的决定把我推到今天的下场。

下面要讲的故事是关于一个铁路工人的，他不小心被锁进一辆冷冻车厢，无法脱身。这个故事显示了宇宙间信念的巨大力量。很显然，这个人一直在敲击车身，想引起旁人的注意，获得救援。但是没有任何人听到他的呼救。数个小时无数次的敲击后，他感到越来越冷了，最后他决定听从命运的安排，放弃了。到了晚上，他觉得自己的身体渐渐僵硬，他开始潦草地在车厢上写下一些字。文字记录着他一步步接近死亡的临终感想。第一句话是这样的："我越来越冷了。"第二句话写在第一句话下面一点："还是变得越来越冷，只能等待。"接着再下面一处又写着："我快冻僵了，半昏迷中，几乎写不了东西了。"在最低端那里写着："这也许是我的遗言了。"事实上，的确是。当第二天，有人打开了电车的时候就发现他已经死了。更令人吃惊的是，信不信由你，这辆车的冷冻系统那天晚上发生故障，整个车厢的温度都是在约9℃以上。这个人的故事显示了信念定律的强大力量。他错误地认为是时候去阎王那里报到了，其实，他根本就不需要妄下论断。所以，即使是温度从来都没有下降到9℃以下，他还是会坚定地认为自己会冻死。我们当中有多少人处于困境的时候也会像他那样呢？当一个人被锁进了冷冻房时，我们都会把事情想的比实际情形糟糕几倍。这样做只会让我们成为消极思想的受害者。比如说，就算我们周围环境的温度一直都没有下降到可以结冰的程度，我们还是会死掉。

有这样一个说法，这个世界是没有什么不切实际的想法或目标的，只有不切实际的时间框架而已。1954 年以前，当时的医学家和科学家都一直认为人类是不可能在 4 分钟内跑一英里。医生说如果勉强去做，心脏会加速跳动，简直就要从胸膛里蹦出来了。从身体构造上来说，这是不可行的。但罗杰·班尼斯特不顾一切，打破了这个论断。是不是在一个小时内不可能飞遍全球。但是，跟德克萨斯州的百万富翁罗斯·派洛特说吧，他会第一个带给众人希望。很快就会到 2015 年，因为派洛特宣称他会去实现这个愿望。

安慰剂疗法

以前有个人患了晚期癌症，但是最后只是靠注射生理盐水就治愈了，那只是普通的盐水而已。当时他刚住院，由于恶性淋巴肿瘤的影响，他的身体已经肿胀的不成人形。那时正是 50 年代，医学界对快速找到治愈癌症的疗法异常乐观。

病人最后被实施了最新的一种有效的疗法，也就是安慰剂疗法，医生对此没什么信心，因为他觉得这个病人活不了一个星期的。但是出于同情，他还是安排了护士在星期五给这个病人注射了一剂量的安慰剂。然后他周末离开医院时，认为他将不会再见到这个病人了。但是当周一早上他回来上班的时候，这个病人精神状态很饱满，显得很高兴。癌症所带来的那些症状都消失了；肿胀的淋巴结恢复正常状态，而且他自我感觉良好。医生惊呆了，最终让他出院了。这个医生非常明白短短几天内一剂量的安慰剂是不可能让这个病人产生如此大的变化的。

更奇怪的事情又发生了，过了一段时间后，这个病人在报纸上了解到经过对安慰剂疗法的研究，发现其对癌症并没有疗效。几天后，他的癌症又复发了，他再一次住进了医院，又是癌症晚期。医生没有什么办法了，只能采取一种无奈的方式去抚慰病人的心。他告诉这个病人，说他将会为他注射改进后的安慰剂，但其实他注射的是生理盐水而已。再一次，几天后，这个人又痊愈了。第二次，他身上所有癌症症状都消失得一干二净。这个故事最终还是未能以喜剧收场，因为病人发现安慰剂疗法被证实是没有任何疗效的，结果又第三次患上了淋巴癌，这次他很快就死掉了。

好好的审视你的信念，把那些对你有害的毒瘤给清理出去。你的信念可以救你也可以杀害你，使你富有也可以让你贫穷，甚至会带给你整个世界。选择权掌握在你手中。

拿破仑·希尔说过:“你想要得到什么和你相信你能得到它，这两者是不同的，关键在于，你必须去相信。”威廉·詹姆斯也曾说:“相信，你所相信的会创造出现实。”你知道要买到一幅原作品的油画是不可能的吗？为什么？因为最原始的作品存在于画家的脑海中。

你的信念系统、你的信念是什么，这一点影响着你人生的每一部分，包括你的每段命运。潜意识会让你的信念成为可能，勾画你未曾经历的人生经验。每个人，无论男女，都是自己的宇宙中心，有能力指引自己的思想，选择自己的信念，控制他希望的人生结果。在这个星球中，人类是最独特的生物，因为我们有思考的能力，我们可以自由地去选择人生经历，最终塑造我们的现实。有句话说:“心中信什么才会做什么。”

不要相信你看到的，因为你看到的是你之前已经决定相信的。你会把和你内心最深信、最确切的想法都吸引到你的生活中，改变和提升你的信念、你的潜力。积极地往这方面思考，对实现从成功到卓越的过程是一个非常重要的里程碑。

澳大利亚的土著居民有一个风俗。如果你讨厌某人的话，你只需要找一个巫师或者巫婆，然后告诉他们你是多么想要摆脱这个人。然后巫师会拿出一根小棍子，装模作样地对着这跟棍子施法，然后他会告诉你只要拿着这个施了法的棍子去对准象征你不喜欢的人的玩偶，那么就可以诅咒他。24 小时都用棍子插在玩偶的心脏上，这个人就会感到恶心呕吐，3 天以上他就会脱水，一个星期以上他就会死去。澳大利亚政府已经禁止土著居民用棍子当杀人凶器那样去诅咒他人，置人于死地。这就是信念的强大力量。

韦恩·戴尔说过:“如果你坚信你的想法，就算当时找不到任何论据，但是很快就会证据支持你。”拉尔夫·沃尔多·爱默生也说过:“信念不会受他人干扰，因为别人无法看到你头脑深处的蓝图。”

你的梦想是什么

每个人都有一个梦想，不管他们有没有意识得到！我相信它就存在于你的基因，你的 DNA 中。在你出生的时候就与生俱来。所以你的梦想是什么呢？无论在哪个领域通过努力取得成就的人，面对这样的问题，他们通常重复着同样的话语:“我有个梦想，而且我坚持努力去实现它，因为我相信它最终是会成为现实的。”对最终结果的确信这一点是非常重要的，还有这种坚定的态度也是不可或缺的。这种肯定结果的坚定信念触动了神圣的吸引定律去发挥它的魔力。当然你还得跟随灵感的直觉指引，它会通过内心真我低吟的方式和你对话，暗示指引你。

要想成功，看起来似乎要费很大的努力，但是当你的信念和有价值的可行性的远景或目标结合起来的时候，成功似乎是注定的。其实，很多著名的成功者的心里对自己的目标和使命有着坚定的信念，事实也证明了他们一生所发生的事情好像都是自然而然来临的，或者说对那些旁观者来说似乎是如此。实际上，这是吸引定律在发挥作用。

关于信念，最重要的一点是，你越是坚持，你越是相信自己；你越是相信自己，那么你就会更加持之以恒。你的坚持其实就是衡量你对自己信任度的标尺，同时也是衡量你能否成功的标准。你可以不断提高你将最终有所成就的确信度，很简单，只需要坚信成就是命中注定，只要你不断地持之以恒，不言放弃。

这一章快要结束了，我想和大家分享一个颇有影响力和令人感动的神话故事，这个故事是由肯尼亚的马赛战士们留传下来的。他们说，当你对你的人生感到沮丧、恐惧的时候，当你对自己感到愤怒或遗憾时，在夜晚抬头看看星空，便能找到你的天堂，向璀璨的星星抱怨、发泄，向它们倾诉你的人生是多么糟糕。再抬头看看，你会发现什么事情都没有发生，因为这些星星根本就不会在意。但是有趣又神奇的景象是：如果你快乐地拥抱生活，不管它是怎样的，如果你听凭内心指引你的人生，那么你会发现天空中所有的星星都会为你排列成队。所有的星星都会倾听你的故事，都会支持你。而你，我亲爱的读者，我希望星星也同样为你列队，听你倾诉，为你闪耀。

对，看管好你的信念，因为你的信念是指导吸引定律的关键一步。

7. 好，好，好！棒极了的共鸣

> 同频共振，同质相吸，所以你自身的振动必须要和你期望的振动频率匹配。你的愿望和你的信念必须振动一致，这样你才能接收到你想要的结果。
>
> ——亚伯拉罕

人的本身是一个振动的存在体，生活在一个振动的环境中。狄巴克·乔布拉把我们生活的环境称之为无限巨大的能量汤。在你身体内部的一切物质都在振动，而且你在这个物质的世界所经历的一切都是振动的。只有通过你自己的能力去诠释这个振动，你才能完全明白你人生所经历的一切。你的情绪、你的感觉就是一个振动的指示器，能标明你自身和你的信仰及期望达成的一致性是多少。你的耳朵、鼻子，舌头还有指尖都在诠释你自身的振动，但是，到现在为止，我们知道的最复杂的振动指示器是人的情绪，我们称之为情感导向指示器。

情感导向指示器

1. 欢愉、知识、权力、自由、爱、赞赏、感恩
2. 激情
3. 热情、渴望、快乐
4. 积极期望、信仰
5. 乐观
6. 充满希望
7. 满足感
8. 厌倦
9. 悲观
10. 挫败感、愤怒、不耐烦
11. 受打击
12. 失望
13. 怀疑

14. 焦虑
15. 责备
16. 恼火
17. 气馁
18. 报复感
19. 憎恨、恼怒
20. 妨忌
21. 不安全感、罪恶感、无价值感
22. 恐惧、悲伤、沮丧、绝望、泄气

除了上面所列出的，我们人类还有很多种情绪，但必须清楚的是，事实上只有两种情绪可以真正地左右我们：即那些能让你感觉良好和那些让你感觉糟糕的。只要稍微注意一下你的情绪，你就可以非常清楚地看清你现在的生活以及曾经经历的过去。

你就像一座广播塔，既是振动的转接站，也是接受站。每时每刻，你都在发送出一个精确的振动信号，很快它就被宇宙接收并得到回应……接着你现在和将来的环境因为你所发出的信号而迅速发生改变。此时此刻，整个宇宙都受到你发送出的振动的影响。

你的振动可以吸引一些能推动你成功的人、环境，以及资源要素，但是也可以抵触他们的接近。你有没有注意过这样一种情况，有时当你第一次和某些人见面时，在寒暄短短几秒后，你的心里就会暗暗想“我不喜欢他们发出的那种能量。”但是某些时候碰到另外一些人的时候，你却可以马上和他们融为一体，你喜欢他们，而且你可以肯定你跟他们很合拍。同样在短短几秒内你就会下结论“我喜欢他们的能量”。这就说明了你已经和某些人的能量和振动频率建立起一种熟悉感了。60 年代时，和披头士乐队不相上下的美国流行乐队海滩男孩自创了一首非常流行的歌曲，叫《棒极了的共鸣》，这首歌非常受欢迎。本书这一章也是采用了同样的题目作为标题的。这首歌是由主唱开始哼唱歌词：好，好，好！棒极了的共鸣！接着其他乐队成员和声唱:“我正在接受正面的共鸣”。你也接受到正面的共鸣吗？

如果用从 1～100 的刻度去测量你的振动，达到 100 就意味着很高的频率，在 1 的话就意味着非常低了，那么你的结果会如何呢？想象一下，一个老式收音机可以在 0～100 个频道间选择。其中，从 0～50 的都是一些消极言论的电台，从50~100的才是积极观点的频道。

你的振动和收音机的振动频率的道理是相似的。当你感觉非常良好，你生活中一切都发展得很顺利的时候，那么你就越容易得到你想要的东西，其时你已经融入了一股人流中，积极上进的人群中。如果在收音机调频刻度盘上测量你此时的振动频率，肯定达到了98.5以上。

你怎么知道自己已经达到98.5呢？这可以通过你自身的感觉良好来感知。当你的振动频率很高时，旁边是几乎没有消极的振动影响你的。没有那些消极的振动萦绕着你的时候，那么你也就不需要费很大力气去得到你想要的东西了。与此同时，你也开始吸引与你的振动频率同步的情感关系。在你提高情感导向指示器刻度的同时（也就是提升你的振动频率），你也在开始吸引相同想法、相同频率的人走进你的生活，这就是吸引定律的基本运作原理。

想法本身并不重要。重要的是你对这个想法关注的程度，正是你的关注，它才有可能参与到你的生命中，成为你的经历。为你的关注注入一股强烈的感情和激情吧，它会膨胀，会成为你振动中主导的部分。不管你思考的是你想要的还是你不要的，都是因为你的关注，它们便得以在你的生活中实现。

但是你要如何控制你的思想呢？乍听起来这似乎是个很棘手的任务，而且它本来就很棘手。你要做的就是引导你的思想往你认为对你自身发展最有利的方向前进。印度马赫西大师对如何掌控自我思想这个问题的回答是这样的："当你走在一条路上的时候，一个陌生人在你前面刚好挡住了你的去路，你会把他推开吗？不会的，你会绕过他，然后再沿着你之前的路继续你的步伐。"所以不需要夸大所处的环境，不要把它当一回事，如果那样的话会让你的决心受挫，阻碍你的成功。马克·维克多·汉森和韦恩·戴尔说，当他们一旦出现消极的思想的时候，他们是用一两个词来对付这种情况的。它决不是一些抱怨的词语！只是简简单单的两个字——"下次"。

要想让吸引定律发挥到最佳状态，只去吸引最有用的事物进入你的生活，那么你的期望必须完完全全地与你的信念结合得紧密无缝。换句话说你为自己确定的目标必须合乎常理，具有一定的价值性。你设定的目标必须和你个人的最高价值观和你最强烈的信念和谐一致。你个人的振动机制是完全可以得到提升和改进的，这就正如你最终都会到达一个适合的地方一样，你最终也会有一个适时的想法。如果现在主导你的思想还属于较低的水平，想要一步登天，一下子让它跃到一个高的水平上，这是非常困难的。

你和你内在的超我，灵性的自我或真我结合得越紧密，那么你发出的振动频率就越高，你自身的感觉也会越良好。我们称之为能量源或生活力。重要的是，我们能意识到什么时候它们在有效地关联着，什么时候我们无形中在抵触它们。

一旦你开始接受自身是个振动体的事实，就可以吸引宇宙中的事物，使其成为你人生中的经历。一旦你明白你所经历的和你想要的，感觉其中的相互关系的时候，那么你也就掌握了成功的金钥匙，不论在哪一个领域都能让你到达目的地。

所以说感觉能发出振动频率，不论好坏。举个例子说吧，荣耀就是一种感觉，这是件好事。为什么这样说呢？因为所有的感觉都可以被复制。荣耀是种感觉，所以你可以复制它相应的振动波。大部分人都只是把想法聚焦在他们不想要的东西上面，这样就会被这种思想所主导，信念受阻，脑海中充斥着缺乏、无望等消极思想，这样是自设限制。

吸引定律是不会辨认出一个想法产生的方式的，不管你是通过记忆、创造、观察、有意制造的，或是做白日梦而得出的想法，吸引定律辨认的只是想法的本身，它只会对这个想法发出的振动波做出反应的。

亚伯拉罕说过："当你开始理解了吸引定律，明白同频共振，同性相吸这个规律，那么你就越来越容易明白你在向整个宇宙发出信号，然后整个宇宙再做出反应这个过程。当你完全明白这一切时，你就会故意操控一下你的想法，故意发出一些信号，但有趣的是，你会发现你想的一切都没有发生。没有任何事情的发生是偶然发生的。在你过去的生活中你发出的振动，或者你很久之前所发出的振动，是不可能保留到现在才得到回应的。它与你出生的时刻无关，只和现在的你，就在现在这一时刻，这个鲜红、发热、新鲜的时刻所发出的信号有关。"

吸引定律说的是:"同频共振，同性相吸"。振动总是会有匹配的一方。所以当你经历这一切的时候，生命的多样性会刺激你新的渴望，不管这渴望是强烈的还是微弱的，它都在按一定比例发出召唤。就在它发出召唤时，它也同时得到了回复。这就是我们所处的宇宙的基点：当说出你的需求时，它永远都会给予的。人类认为他们是通过语言，或者是行动来向宇宙索要回报的，有时候确实如此，但是宇宙并不是对你的语言或者行动做出回应的。宇宙回应的是你的想法发出的振动。

给予定律

你有没有参加过赛跑，或者在一段时间里赶工作任务，抑或在一段很长距离中游泳，还记得是怎么样的情形吗？当开始之后不久你就开始感到累了，还记得那种感觉吧，就在你还能再往前踏出一步，再做出一点努力时，你往往都会觉得你已经达到极限了，不可能再坚持下去了。但是你也会发现，当你坚持下来时，其实你已展开了第二双翅膀，所有的劳累都会消失得一干二净，你的肌肉充满活力地运动着，此时你是否只是感受到速度和耐力的张弛?

每个人身体内部都储存着巨大的能量，然而一般人们对此却毫不知情。这就如同大部分人都是以低档开车一样，并不知道只需稍微换一下档，他们不仅可以提高速度，同时也节省了更多能源。

宇宙定律其实就是一种给予定律。你可以清清楚楚地感受到它。大自然是很慷慨的。对于每个人来说都有丰富的资源可以从大自然中取得。但是你必须努力拼搏，付出代价才能得到你"第二双翅膀"的资源，正因为如此，在大自然给予定律作用于你之前，你必须努力奋斗。

这个世界是属于你的，它是你的资产。它欠你的可不只是生活而已，而是你期望的所有好东西。然而，你必须提出你的要求，你必须毫不担忧、毫不惧怕、毫不踌躇。你必须占据支配位置——而不要退缩。只有你，才能让给予定律产生作用。

“想想野地里生长的百合花”，那些花儿、那些鸟儿、所有的造物，都是如此生机勃勃、富有活力。不断生长的树木还有花儿，为自己筑巢，为食物到处奔波的鸟儿等野生生物都是维持着一直工作的状态而从不担忧、焦虑。“造物主是知道你需要这些东西”，“你所需要的都将会降临你的身边”。

如果所有人都能做到不再焦虑担忧，只需勤奋努力地奋斗，从来不必过多地去担忧结果如何，这就代表着人类发展历程中一个新纪元的开始，一个充满自由的时代，一个摆脱束缚的时代。耶稣是这样阐述宇宙中的给予定律的，他说：“我要告诉你们，不要为明天忧虑，担忧吃什么，穿什么——要做的首先就是寻找你心中的上帝，那么你想要的东西都会到达你身边的。”

那么为什么还有不计其数的人们在贫穷、疾病和绝望中挣扎着过日子呢？这是为什么呢？首先是因为他们害怕贫穷，就是因为他们的恐惧，也造成了他们对现实生活的贫穷。他们脑海中总是是挥不掉穷困，疾病等字眼，因为这些反面的想法让他们的生活也充满了贫穷和疾病的折磨。其次是他们不能利用给予定律在他们身上产生作用，正因为这个，他们也解决不了他们的第一个问题。其实解决的方法很简单——但是从来都没有人告诉他们。他们不了解这个定律。明明手中已经掌握了足够的能量，但往往都是关注其他事情，所以他们也就没那个闲暇去好好感受它了。

这个定律的本质要求你必须放开，用心灵去想事情，看得无限远，感觉无限，相信无限。不要让任何限制性的事情进入你的脑袋。你在脑海里不断地想象着你想要的东西，那么你将会在每天的日常生活中逐步实现它。

——罗伯特·克利尔《生命之书》

8. 你不仅是你的躯体

> 所有的躯体都源自灵魂，也会回归于灵魂。无形产生于无形之中，受之控制，最终回归于它。
>
> ——劳·罗素

的确，这正如我们都一直相信人是有前世今生的。量子物理学告诉我们粒子不可再分，这个理论比之前科学家所得出的“能量波段学”更具说服力。物理学家都同意这种说法，他们认为从物理的角度来说，大家都知道生命源自无形，也就是我们所说的灵魂。所有物理意义上的粒子来自于无形的精神世界中，这个简直难以解释得明白，而且至今也没有确凿的科学证明，但我相信你对于这一点不会感到惊讶。有时候言语是不能确切地表达出我们脑海中的想法的。

在鲍勃·普罗科特的研讨会中，每个人都要求大声地重复着：“我不是我的身体，我拥有一个身体，我拥有一个思想，但我并不仅仅是一个身体！”

临终的遗言

要了解你的实质，面对死亡毫不惧色，解开因恐惧而被束缚的镣铐。你要明白你并不会死去。向大家宣布这个事实吧，想想这个事实。从这个角度去看待这个问题吧：“如果你不是一个无限的生命体，那么你人生的目的地在哪里呢？”难道就是出生、工作、储蓄、迷失、生病，然后就入土为安了吗？绝不是这样。唤醒你内在无限的本质，将自己与目标结合起来，这样你才能放飞自己，甩掉自己为自己设定的束缚。内心如宇宙一样无际的思想会成为你的导航器和助手，最重要的就是，当你驱逐内心对死亡和失败的恐惧之后，你会感到内心前所未有的平静。那些伟大的圣人贤者在离开这个世俗的世界时，极乐无畏的精神感动了我。他们放下心中所有的疑虑，摆脱所有的恐惧，大气凛然地直面这一切。下面摘录了我非常钦佩的一些名人的临终遗言：

我一直期待的时刻此时终于来临了。（阿维拉的大德兰）

让我们对别人善良一点。（奥尔德斯·赫胥黎）

死比生更轻松。（罗伯特·路易斯·斯蒂文森）

这就是这片土地的最终点了！我满足了。（约翰·昆西·亚当斯）

我在天堂就可以听到了。（路德维希·凡·贝多芬）

光明，光明，这个世界需要更多的光明。（约翰·沃尔夫冈·冯·歌德）

我就要启程去我一生都想要去的国度了。（威廉·布莱克）

那会是个非常美丽的地方。（托马斯·爱迪生）

为何不现在就写下你的遗言，当你还在占据着你躯体的时候，感受一下变成一个无限生命体的感觉。当你深有同感时，再回头看看大部分人是怎么样生活的。我们都知道身体总有一天会死去，但我们的行为却好像这一刻永远不会降临在我们身上。这样的想法来自于无穷的静止的一方，我们无法预见与本意的联系和我们存在于创造精神实体的能力……可以对比一下无限与死亡这两个想法之间本质的区别。很容易你将会处于无穷的静止的一方。

我将引用印度教的圣经《博伽梵歌》中的短文来作为我这一章的结论部分。这些短文是关于我们的灵魂如何幻化成为肉身。要注意到在几篇受人推崇的圣章中，“自我”这个词语都很重要，着重强调精神，永恒的内在更高层次的自我。

自我在身体这栋房子里居住着，
它经历了人类的童年、青年以及老年，
在死亡的一刻，自我离开了身体，

再次进入另一个身体。
智者都知道这个真理，
并没有被愚弄。
当感觉与受体联系在一起，
产生了对热和冷的感觉，
还有愉快和痛苦。
这些来了又去，去了又来，
智者们，脱离了七情六欲，
便会得以不朽之身。

这首古代诗歌为我们描述了欢愉、痛苦、烦恼和愉快的时光并不是永恒的，而是建议我们只需要平静地接受它们，但是要保持一定的距离。如果我们能做到，我们就和我们更高层次的自我结合为一体了。

箭刺不穿，火烧不死，
水和风也不能动摇他们，
自我并不是一个物质实体，
伤害不了它，烧不了它，湿不了它，也烘不了它，
自我是永存的，遍地存在，
永恒不变却无限存在着。

这首经典之作提醒我们，我们不仅作为一个物质实体时不时经历着偶然的灵性，更重要的是，我们还是一个永恒的精神体，只是暂时经历着人类的生活而已。这个才是我们真正的本质。当我们能够真正理解这点，从这一点来看待我们所经历的一切，我们也就越容易让吸引定律产生作用，带来我们想要的结果。

有些人能够认知到自我，
感受到它所有的非凡。

有些人能够谈及自我，
它是多么奇妙的。
但是有很多人，
还是不明白，
就算他们听到了。
每个造物中的自我都是不朽的。
知道这个真理，
人类便能将所有悲哀抛诸脑后。

当我们能够按照奎师那的建议那样行事的话，承认内在更高层次的自我，我们知道我们真正的自我是永生的。这就是最大的安慰，我们可以远离悲哀，自信愉快地生活着。

9. 你拥有灿烂的未来

> 在这个世界上，人类能做到的最伟大事情就是从他所得到的东西中创造出最大的可能性。这就是成功，没有其他事情能够与之媲美了。
>
> ——奥里森·斯威特·马登

哲学中最伟大的问题无非是“我们应该怎么样生活才能快乐呢？”无数伟人们花尽一生精力，孜孜不倦探寻这个问题的答案。你能提出这个问题，也能正确地为自己解答这个问题，这种能力就是发生在你身上的一切事情和你实现所有梦想的关键。就如大家说的一样，“不会利用时间和生命，就好像你花费了不懈努力去攀爬成功的阶梯，到最后却发现这梯子倚靠的不是你想要的大楼。”

帕坦伽利出生在古印度，一生被人们推崇为圣哲，教授瑜伽经（哲学中的精华要素），旨在将人们的内在潜力提升到最高点。他教会人们通过冥想和瑜伽去了解上帝，与能量源达成一致。他也描述了我们人类创造奇迹的能力——这些能力就包括了特殊的精神警言和我们日常的瑜伽训练。下文源自2300年前帕坦伽利对灵性的观察。

“当你被一些宏伟的目标或非凡的计划所激发时，你所有的思想都会挣脱他们的镣铐，你的思想超越了所有的限制，你的意识往四面八方延伸扩展，然后你有种感觉，觉得自己生活在一个崭新、广阔、奇妙的世界当中。沉睡的力量、才能和天赋都会苏醒，你会发现你比你一直想象中的自己更伟大。”

年轻的狮子

一只年轻的狮子，正如童话故事里描述的一样，一天正在森林里玩要，它的妈妈正在睡觉。身旁的不同事物吸引了它，它决定要跑出去看看这个广阔的世界、冒冒险。它漫步在森林中，却走得太远了，找不到回家的路，它迷路了。年轻的狮子非常害怕，像无头苍蝇一样四处乱窜，不停地哀叫着妈妈，可是却没有任何回应。

跑累之后，它不知道接下来该怎么办，这时有只失去子女的羊听到了狮子可怜的喊叫，就跑了过来，并和狮子交了朋友，还收养了狮子。这只羊非常宠爱它收养的儿子，而这只狮子很快就长大了，身形比它的养母大很多，有时这只羊反而有点害怕它。养母和它收养来的儿子一起生活得很愉快，直至有一天一只巨大的狮子出现了，站在对面的一座山顶上，在蓝天的衬托下，它抖动着它金棕色的鬃毛，发出一声巨吼，整个山谷中都回荡着它的声音。羊妈妈怕得一直在颤抖，浑身都僵硬了。但是在年轻的狮子听来，这股声音就如同给它下了咒语一样，一种很奇特的感觉涌遍它全身，它反而对这个声音感到兴奋。

那只狮子的吼叫触碰了这只幼狮内在的从未被触摸过的弦，它唤醒了这只年幼的狮子从未有过的一种全新力量。新的渴望，一种奇怪的新的力量占据了它的全身，一种新的天性在它身体里面流动。于是没有经过任何思考，它本能地回应了那只大狮子的吼叫。

这只幼狮子为此感到惊奇、困惑以及害怕，以至于有些颤抖，吼声唤醒了它内在的本质，它怜悯地看了它的养母一眼，跨出了大步，飞跃似的向山顶上的狮子奔去。这只迷失的狮子最终找回了自我。

在此刻之前，它还是像小羊羔一样围着它的羊妈妈跳跃，就像一只小羊羔般的成长着，从来没想过它能做出一些它的同伴不能做的事情，或者说从来都没想过它比其他的羊具备更大的力量。它从来都不会想象得到它具有一股力量可以威震整个森林。它仅仅认为自己是只大个头的羊而已，看到狗会跑开，听到狼的吼叫会惊悚。而现在它很惊讶地看到，那些它曾害怕过的狗、狼，还有其他动物反而看到它都惊恐地逃跑。

——奥里森·斯威特·马登《成功》杂志创办人

我们每个人内心都有一只沉睡的狮子，所需要的只是去唤醒它，所需要的只是一些能唤醒我们、激发我们内心深处、唤醒我们内心休眠力量的东西。

正如那只年轻的狮子，一旦它发现自己是只狮子后，是不可能再满足于悠闲的羊群生活了，当我们发现我们比我们的躯体有更大的力量的时候，当我们最后意识到我们不仅仅是个人类，而是创造事物的上帝的时候，我们就再也不会满足于过着平凡的生活。我们会感到内心涌现出一股新的力量，一股我们从未想过我们会拥有的力量，一股无与伦比的力量，一股不满足于卑微的理想，不满足于微小的成功的力量。这股力量出现之后，我们内心会有种强烈的渴望。我们会向上看，竞争上游，努力达到更高、更高的水平。

梦想的进化

梦想被灌入大脑，
梦想家开始颤抖，
梦想家开始恐惧，
没有行动，那么可怕的想法会长成食肉的野兽。
这时梦想就成为了幻想。
付诸行动，那么可怕的想法就只能算只纸老虎。
自信高涨，奇迹就会出现，
梦想家可以悠闲实现梦想，
每个过程都是不同的。

——宇宙

奥里森·斯威特·马登，被推崇为美国现代成功学运动的创始人，他架起了旧的成功理念和新的模式之间的桥梁，这些新鲜的理念源自畅销书作者，如拿破仑·希尔、W·克莱门特·斯通、戴尔·卡耐基、奥格·曼迪诺、厄尔·南丁格尔、诺曼·文森特·皮尔，甚至当今大作家如斯蒂芬·科维、安东尼·罗宾、丹尼斯·威特利和博恩·崔西。

看过我的书、参加我的研讨会或与我进行过交谈的人，常常不用一个星期的时间，就会通过我的现场研讨会，或电子邮件感谢我激发了他们内心沉睡的狮子。但这就是我要达到的最大目标。为此我还要感谢你们，感谢读者们赐予我这个神圣的荣誉能为你们效劳。

这本书是我最引以为豪的作品，这是为那些真正想要创造出非凡生活的杰出人群所写的，这是为那些受到启发而渴望非凡的人们而写的。每个人都有潜力，可以成就伟业；每个人都有能力让自己流芳百世，却几乎没有人有勇气去闯荡一番，几乎没有人能够给自己这个机会。而此刻，这就是你的机会！机会在敲你的门！

我写这本书的目的是希望它能充当催化剂，促进和唤醒人们内在力量的释放和转变。人类思想的进化和我们美妙的家园——地球的未来总是紧紧缠绕着。只有通过改变人类的思想，整个地球才会被解救。当我们身体上、思想上和精神上的意识都得到扩展时，其实我们生存的弱小的地球也被改变了。你能给予别人最好的礼物就是让自己积极地成长。所以你能做好你自己，贡献你的力量吗？

巧妙地运用“吸引定律”去摆脱旧的自我，作出改变，你是有选择的。你可以为这一生记录下杰出的篇章，也可以编造借口逃脱，但是你能选择要么就是第一种生活，要么就是第二种，不可能鱼与熊掌兼得。要记住，宇宙在任何时候都可以问你的一个问题是：“你现在打算怎么去创造你的生活？”

佛教创始人释迦牟尼曾说过：“我们的一生就像秋天的薄云那样短暂。看着一个人从出生到死亡就像观看一场舞蹈。人的一生短暂得就如闪电划过天空，激流跌落陡崖一样。”

宇宙已发给你一封特殊的请柬，运用“吸引定律”解救你自己，解救地球！接受邀请，接受挑战。以你的决定为荣——这份生命的协定从你迎接生命的第一次呼吸时就已签署。

颇受欢迎的苏菲派诗人鲁米说过：“当我离开这个世界时，我会和天使一起高飞在空中……当离开天使的世界时，我将会变成你想象不到的其他事物。”要知道你其实就是一个无限的灵魂体，只是暂时经历了人类的一生而已。其实在你面前，有一个宏伟的未来等待着你，而我也期待着某天能亲自见到你。

预先创造你的人生

你可以运用吸引定律预先创造你的整个人生，完全可以从你今天打算做的下一件事情开始。普兰特斯·马福德写了很多书，跟大家分享了他对吸引定律的理解以及如何运用这个定律，他也指出预先在脑海里想象你期望的生活，这一点是多么重要。

当你对自己说“我马上要开始我愉快的观光或开心的旅程了，”其实这就直接从你身体内发送出能让你的观光或者旅程愉快的因素和推力。如果在你去观光、旅游或购物旅行之前，你的心情很差，或忐忑不安，或一直想着一些不开心的事情，那么你其实是往身体外发送一些无形的阻力，并让你的旅途不愉快。我们的思想，换句话说，就是我们当时的情绪状态，是能够预先帮助“安排”事情往好的方面发展。

——普兰特斯·马福德

普兰特斯·马福德于19世纪70年代年写下上面那些话，他简直就是一个先驱了！你可以看到每天预先设想一下心中想要的东西是多么重要。但你将会先经历你预先想象的生活的反面，对此你会做出的一个反应就是不断地向前冲，匆匆忙忙，行事仓促。

如果你一直匆匆忙忙，行事仓促，这些想法和行动都是建立在恐惧（比如害怕迟到）之上的话，那么你其实是在给自己招致霉运。毫无头绪的慌乱，只会带给你噩运连连。更有甚者，吸引定律也会吸引更多的不利因素让你乱上加乱。你必须停下来，摆脱那种噩运的频率。如果你不想让更多的坏运气降临于身的话，花几分钟时间调整一下。

很多人，特别是在西方社会，常常在跟时间赛跑，抱怨他们没有足够的时间。当某些人在抱怨他们没有足够时间时，肯定是吸引定律在发生作用。

吸引定律告诉我们，幸运之神会在合适的时间以合适的形式来到我们身边。这个伟大的定律支配着天地造物，在它的庇佑下，你正在创造你的成就。它说的是所有不同的能量结合在一起产生了一样“新”的东西，所有新的事物都有其潜伏孕育的过程。当我们有了信念，就不会过于心急，赶鸭子上架，不会想着一步登天，而是会循序渐进，让梦想酝酿成熟，就如同我们不会匆匆忙忙让一个未满九个月的胎儿提前降生。有了信念，我们也就有了耐心，心平气和地去对待我们的梦想。成功已在路上，它其实一直存在，只是等着你运用吸引定律去发现它而已。

不用让怀疑、束缚，还有缺乏洞察力这些缺陷断送你的创造力。能让你犯错的是你的思想。当你发现你开始慌乱、行动仓促时，赶快停止！当你一旦开始行事草率，也意味着你脱离了完美智慧的指引，因此也不会得到你想要的力量和智慧。向大家重申一遍，你是与存在于这个世界上所有的资源紧密联系在一起的，只要你坚持着真正的自我，你的信念永远不会动摇。倾听“细微平静的直觉之音”（来自内在更高层次的自我），跟随它的指引行动吧！

不管你的想法是拥有一栋大厦，还是一间小屋；不管你关注的是什么，它都在召唤着吸引定律。不管信息是大还是小，来自你的想象还是来自宇宙中的，它都不在乎。吸引定律并不会在乎你的欲望来自何处，它只会辨认出信号和频率，然后作出回复。而你发出这个欲望的原因并不重要，吸引定律会开始精心为你安排必需的人、资源以及环境，促进你的梦想实现。

穆罕默德·尤努斯的故事

他是一个杰出的人，为消除贫困付出了巨大的努力，到现在，他已经帮助过他的国家——孟加拉国超过10%的人口脱离贫困。只要一个人相信他自身的创造力，那么这个人肯定能为世界做出贡献，在这点上，穆罕默德·尤努斯为我们树立了光辉的榜样。

在1976年，穆罕默德发现，在他的邻村还有42个非常贫穷的人生存在那里，而仅仅需要27美元就可以帮助他们脱离贫困，独立起来。

举个例子，那个村子有一个女人靠手工制作竹椅谋生。但是她连买竹子的22美分都没有，只好去向一个颇有资产的放款人借钱。实际上每个椅子她才赚2美分。从本质上来说，她仅只需要22美分就能实现经济独立。这个村里其他的41个人也都是类似的情况。

事实上，在孟加拉国大部分的人都是为微薄的工资而奔波。当然，最贫穷的人是不可能从银行里得到一点贷款的，1美分都不可能，更不用说22美分。

穆罕默德·尤努斯贷给了这个村子27美元，为穷人建立了一家银行。到2006年5月份的时候，他的孟加拉乡村银行支出40多亿美元的贷款，给数百万贫穷家庭。没有任何附加条件，他同意小额信贷扶贫，甚至是几美元的贷款。

有趣的是，尤努斯贷出去的款中大部分都是给女人的，因为他觉得，孟加拉国的男人在追求社会地位这方面花费太多金钱，而其家庭却仍然处于贫困的状态。相反，女人正在从事有意义的事业，而女顾客的还贷率约为98%。在这点上世界其他银行都望尘莫及啊！

尤努斯非凡的成就也激发了第三世界数以千计的人们，大家都仿效他，成立了一个完备的借贷系统，这就是众所周知的小额贷款。

如果你想知道一个人是如何成就伟大事业的，你可以去阅读穆罕默德·尤努斯的论文集。尤努斯在2006年获得了诺贝尔和平奖。

这个激励人心的故事只是个人力量能够产生巨大改变的一个例子而已，如果你能帮助自己，上帝也会向你伸出援手。

变为百万富翁的秘密

几年前，布洛特克对1500个人进行管理研究，他们被分为两类人：A类人说他们先赚钱，然后再去追求他们想要做的事情。其中1245个人都属于A类人。而B类人一共只有255人，他们说要首先追求他们的兴趣，确信金钱可以紧接而来。看看接下来会发生什么呢？

20年之后，这群人中产生了101位百万富翁。只有一个是来自A组的。而其他100个百万富翁全部都是来自B组，也就是那组宣称他们首先追求他们的激情、然后再让金钱慢慢到来。这个例子是否给你提供了一些关于如何吸引金钱的启示呢？

你的关注点在哪里？是盲目赚钱，还是激情地追求你热爱的事业呢？

卢旺达大屠杀

1994年，24岁的大学生伊玛库拉·伊利巴亦哲回到卢旺达基布耶的家中，和家人一起度过复活节，也就在那时残忍的大屠杀在卢旺达展开。作为被屠杀目标图西族的一份子，伊玛库拉只能藏在一个狭小的浴室里面（设置在隐蔽的位置，很难被发现），她在那里和另外7个女人度过了担惊受怕的整整三个月。她在自己的书《宽恕，我唯一能做的——种族灭绝的幸存者告白》中写道："在上帝的庇佑下，我们没被搜到。这是怎么一回事，我不知道。我们能听到的都是那些人站在门外恶狠狠的叫嚣。"

在这充满恐惧的90天里，他们每天过的都是担惊受怕的日子，大家都很清楚，一旦被发现就会被砍死的。最后这些妇女被法国士兵从坟墓边缘安全解救出来。伊玛库拉之后回忆说："当我们被安全放出来之后，我才知道我的家人死的多么惨：我的父亲被枪杀，我的母亲被刀捅死，而我的弟弟则是在一个露天运动场里找吃的时候被杀害。我的哥哥则是被审问之后处死的，因为他们想看一下硕士脑袋里到底是什么，因此我的哥哥被他们大卸八块。”

这些经受了磨难的妇女们移居到纽约，作为这次因种族歧视而组织的人种灭绝屠杀中的受害者，她们生活在纽约的庇护所中。几乎有一百万的男人、妇女，还有儿童被有组织地用砍刀、钝器屠杀，而美国居然没有出面调停，美国前总统比尔·克林顿也公开承认这是政府管理上最大的败笔。伊玛库拉没有怨恨，没有狂怒，她只希望类似的悲剧不要再次发生。她心中充满着爱和信念，她也通过讲述她的故事而传递了这种精神，而她的故事也被出版成书，一本非凡的书向读者讲述了人类对人类所做的最不人道的事情，而在她传奇辉煌胜利的背后却埋藏着深不可测的悲剧。

2008 年，我应邀去南非开展“吸引定律”的周末研讨会，在开普敦的时候，我搭渡轮去罗本岛参观了那个幽禁纳尔逊·曼德拉 27 年之久的牢狱。因为领导反对种族隔离运动，他被禁止探访。在那个国家这个种族被法律定位于下等人，不配拥有和那个国家的其他居民同样的待遇。他在被囚禁小岛的一个石灰场里不分昼夜地工作，炽热的阳光照射在白色的岩石上，刺眼的阳光只能让人眼睛眯成一条缝地工作，为了生存不得不练习这些技能。我在当年的石灰场里只逗留了 20 分钟，眼睛就被阳光刺得生痛。可以想象长年累月暴露在这阳光下是一种怎样的伤害。

曼德拉内心深知，当他最终被释放出来的时候，他是带着宽恕与和解之心出来的。他没有仇恨，也没有沮丧，这正是能瓦解种族隔离制度所需要的力量。几年后，他当选为南非总统，实行民主政治。纳尔逊·曼德拉在他的书《自由路漫漫》中写下了他的故事。

纳尔逊·曼德拉在历经种种苦难的时候传达了他所热爱的、和平、善良、宽容的精神力量，正是这股力量为非洲的新面貌描出了蓝图，甚至为整个世界勾勒出新的面貌。

10. 走进“吸引定律”

> 每个思想都产生振动，每个思想都辐射出一种信号，每个思想都吸引相似的信号，就像它自己的反射。吸引定律说：同频共振，同质相吸。
>
> ——亚伯拉罕·希克斯

吸引定律通常和新时代、新思想等哲学结合起来。它阐述了人类的主导思想、感觉、言语，以及行为，能在人类生活中产生相应的具体经历，因此人们是可以仅仅靠思想直接掌控现实和人生的。根据该理论，一个人的思想（不管是有意识的还是潜意识的）、情绪、信念和行为会为他吸引来相应的积极或消极的经历，通过“他们充沛的能量振动场获得共振”。

“吸引定律”说的是：“你能得到你想要的，你的思想决定你的经历。”释迦牟尼说过：“你能成为怎样的人，其实都是你想法的结果。”这些道理都一样，说的就是介入你现实生活的思想吸引相似的能量。在西方，关于“积极思考”这一说法在19世纪很受欢迎。吸引定律这个理念最早就出现在1906年《新思维》杂志的编辑威廉·沃克·艾金森的书《思想振动》、《思想世界中的吸引定律》中。在20世纪初，许多以“积极思考”和“吸引力法则”命名的书涌现在市场上，其中讲述的都是同样的话题。

2006年3月，一部命名为《秘密》的影片出炉了，围绕着“吸引定律”展开内容，紧接着根据这部影片的内容出了一部同名的书。这部影片和书销量高涨，通过美国著名电视节目奥普拉脱口秀吸引了所有媒体的目光。这本书和DVD影片在短短两年时间销量达到了700万以上。

“吸引定律”源于量子物理学。根据“吸引定律”观点，思想是有种能量可以吸引类似能量的。为了要掌控这股能量，你必须按照以下5个步骤加以练习：

1. 明确你的期望，向宇宙发出要求（“宇宙”就是上帝，或说是一股未知的能量来源……叫什么名字都不重要）。狄巴克·乔布拉在他的《欲望自足》这一中写道：“我们所要做的就是明确我们的目的。如果我们能赶走膨胀的自尊心，那么目的最终会实现。”

2. 把你的关注点聚焦在你期望的事物上，注人无比的感情、激情，同时怀有感恩之心。你注意力在哪里，哪里就开花结果。

3. 表现得就如同你的期望已经实现一样，感受类似的感觉。每天怀着热烈的激情和热忱去想象你的目标已经实现的现实。

4. 放开自己去接受结果。顺其自然！所谓应得这个说法需要高度自尊和绝对自信。你必须让自己从有毒的自我限制情感中解放出来。

5. 根据灵感和直觉采取行动。这种行动是来自你内在的超意识，通过你的直觉、预知、内心的感觉，是一种心照不宣。

忠　告

一个人总是想着他没有的东西，那么他就永远不可能拥有这些东西。坚持上述原则，避免“负面”思想，才能让一个人内心的渴望实现。

你是否在想过为什么这么多善良的人一直不断地吸引那些消极的环境到他们的生活当中呢？而另外一些人却尽是吸引美好一切包围着他们。如果你学会使用吸引定律，它能赋予你力量、可能与承诺。

你是宇宙万物中的最高形态。你是一个活生生的、呼吸着的、具有创造力的人类磁铁。你有能力去掌控你吸引的东西。世界上永远都存在着那么一小部分人，他们清楚知道如何和谐地利用宇宙中这个最神奇的定律——吸引定律。

吸引定律清楚地向我们阐述了你只能将与你自身和谐一致的事物吸引到你身边。你是不可避免地吸引那些备受你关注的事物走近生活，不管是好是坏，是对是错，是正面的，还是负面的。吸引定律能对你发出的任何振动场做出反应，带给你更多吸引之物。

当你做出否定的陈述，比如包含词语“不要”、“不”、“没有”的句子，其实是你无意中把注意力和能量场错误地置于你不期望的事物上。

宇宙中所有一切都处于振动之中。这是源于振动定律。你的思想和你的身体也都在振动。用显微镜来观察你的身体，你会发现周身都是移动的振动的能量。你的思想控制着你每时每刻的振动。你选择的想法帮助你控制着你的思想。没有任何人能让你去想你不想要的东西。决定权完全在你手中，同时大多数人面临的问题也源于当初的决定。他们通常都是放任环境（发生在他们周围的事情）决定自己的思维方式。

这个世界上至少有90%的人都希望出现美好的结果，但他们整天想的都是不好的事情。这些消极思想让他们发出消极的振动，然后通过吸引定律的作用，他们吸引的都是消极的东西。作为一个具有创造力的个体，只要你一直朝积极方面思考，期待最美好的生活，那么你就会源源不断地为自己吸引来美好的事物。为什么呢？因为这是你应得的。

因此，你会发现这强大的吸引定律就好像一个宇宙管理者，将所有思想分门别类。

历史上最伟大的圣贤告诉我们：吸引定律是整个宇宙中最强有力的定律。像威廉·莎士比亚、罗伯特·布朗宁，还有威廉·布莱克，这些诗人们在他们的诗歌中都显示了他们对吸引定律的信仰。音乐大师，如路德维格·范·贝多芬和约翰尼斯·勃拉姆斯也通过他们的音乐表现着这个定律。艺术大师，如里昂纳多·达·芬奇和米开朗基罗也在他们的艺术品中表现了这个定律。伟大的思想家包括苏格拉底、柏拉图、维克托·雨果、拉尔夫·沃尔多·爱默生、毕达哥拉斯、艾伯特·爱因斯坦、艾萨克·牛顿，还有约翰·沃尔夫冈·范·哥德，他们通过其论著教导，都和大家分享了这个定律。他们的名字得以流芳百世、永垂不朽，他们的作品也经过时间的考验而得以长存。

吸引定律是一种关于创造力的定律。量子物理学告诉我们，整个宇宙是因为人类的思想才得以显现的。吸引定律作用于你的想法、你的感受、你的信念，并通过这些创造了你的整个人生，每个人都是如此。并不是当你了解它时，它才发挥作用。在整个历史中，每个人（包括你）都存在于它的势力范围内。一旦你知道宇宙中有这样一个定律时，你就应该明白：你具有多么强大的力量让自己的梦想在未来得以实现。

吸引定律一直都在起着作用。一旦你开始有任何想法，吸引定律就在发挥它的作用。当你回忆过去的成与败时，吸引定律也在发挥作用。当你在思考现在和未来的时候，吸引定律也在发挥它的作用。它永远是一个现在进行时。没有停顿，没有停止。就像你会一直不断地进行思考一样，它也时刻在运转着。

在各种宗教中，比如印度教、佛教、犹太教、基督教，还有伊斯兰教等，还有各类文明中，如古巴比伦、古埃及和大西洋族等都在他们的记载和历史中传达了这个定律的理念。这个定律以不同的形式记录下来，贯穿整个历史，即便在上千年的著作中，也可以找到这个定律的记载。公元3000年以前，它记录在岩石上面。很多人都垂涎这个秘诀，但它一直在那里等待着任何人的发现。

你对你的人生负有100%的责任

对大部分人来说，最难理解的一个观念就是：他们自己才是造成其所经历的一切的唯一原因。他们绝对负有责任。你的心灵会对你生活出现的一切，不论好坏，都负起全部责任，所有一切都来自于你自己。约瑟夫·墨菲曾经说过："你的人生就是你内在图像的化身。"所有发生在你身边的事情都是你内心思量着的具体画像。你外在的世界其实就是你内心世界的图像。

正是吸引定律决定了整个宇宙的顺序，你人生的每一时刻，还有你经历的每一件事情，你是谁或者你在哪里都并不重要，吸引定律正在组合你的整个人生经历，通过你的想法、你的感受和你的信念，这个强大的定律正在发挥作用。你才是那个能召唤吸引定律运转的唯一主体，通过你的想法，尤其是被注入了强烈激情和感情的想法正在操控着吸引定律。

1912年，查尔斯·和纳将“吸引定律”形容为“整个创造物系统所依赖的最伟大的最正确的定律”。学者们证明了古巴比伦人的存在以及他们当时的繁荣生活，众所周知，他们创造了世界7大奇迹之一——巴比伦空中花园。他们对这个定律的理解以及运用，让他们成为历史上最睿智的种族之一。

那些能把财富吸引到他们身边的人，其实都运用了这个秘密，不管他们是有意识的还是无意识的。他们一直想着富贵和荣华，不让任何反面思想扎根于他们的脑袋中。所以他们的主导思想就是关于财富的。他们只知道财富，没有其他任何东西存在于他们的大脑中。不管他们有没有注意到，正是这种富有的主导思想以及不受任何限制和贫穷思想的干扰，为他们带来了梦想的财富。这就是吸引定律的作用原理。

有一个例子，可以非常完美地诠释吸引定律，你可能认识一些拥有巨大财富的人，他们突然失去财富之后在短期内又聚敛财富。在这些事例中，不管他们有没有注意到，他们的思想曾被财富占有，这也是他们最初发家的原因。但是担心失去财富的焦虑又入侵他们的大脑，他们的思想又被失去一切的恐惧所占有。他们错误地从财富思考倾斜到遗失思考，因此他们也就失去了一切。一旦失去，那种担心失去的恐惧感也会消失，财富思考再次统帅大脑，随之而来，他们再次迎接财富。

无论怎样的想法，吸引定律都会对它们做出回应。迪巴克·乔布拉说过:“一个人每天几乎产生50000个想法，而其中大部分都是重复昨天过时的想法。”吸引定律说的是，我们的感受和言语产生了我们所生活的环境。可以说，一个人生活的环境和他塑造的环境，都是这个人内心世界的一面镜子。

你是一枚人际磁石

你是一枚人际磁石。“吸引定律”是宇宙间所有定律中最至关重要的一个定律。它说的是你会不可避免地把与你的主导思想一致的人和环境都吸引到你身边。这个定律的反面就是排斥定律。这个定律说的就是你会不由自主地将和你主导思想不一致的人和环境排斥出去。当你完全积极地想问题时，你就会发出一种振动，把那些对你有用的人和环境吸引到你身边，支持和促进你和你的目标。但如果你一直消极悲观地看问题，那么你发出的振动就会抵触和排斥那些对你有用的人和环境，反而吸引和你一样消极的人和环境到你的生活当中。很多人完全掌控了他们的思想，严格要求他们只能想他们真正想要的东西，只谈论对他们生命有积极意义的事情，仅仅如此，他们改变了他们的生活。

你是一枚人际磁石。拉尔夫·沃尔多·爱默生曾经说过："大自然会像变魔术般赐予每个人合适的幸运，通过他们的个性赋予他们的成果。"吸引定律就是这样的一种定律，你能源源不断地、不可避免地把和你主导思想一致的人和环境都吸引到你身边。快乐的人能吸引来快乐的人。一个脑子里充满了荣华观念的人会吸引来赚钱的好主意和机遇。积极乐观的销售人员能吸引来更多的大客户。"吸引定律"无时无处不在发挥作用。你成为什么样的人，拥有什么样的事物，这些都是你吸引而至的，因为你选择了这些。你永远都可以拥有更多，成就更伟大或获得更多，因为你可以发展更多。你可以管住你的想法，让它们只投注在那些你选择要经历的事，拒绝去想任何你不想要的东西。受到你吸引或与你平行的人和环境都源自你最深处的信念所发出的振动。所有你生命中出现的事情都是你在进化的过程中将他们吸引过来的。俗话说，一分耕耘，一分收获；你没有播下种子，当然也不可能得到收获。

"交感共振定律"是"吸引定律"的一个姐妹定律。如果一个音乐大厅里摆满了三角钢琴，你只需走向其中的一架钢琴，然后敲击中间的C键，猜猜会发生什么呢？所有其他钢琴中间的C键都发出共鸣。这就像你把和你想法一致的一切东西都吸引过来一样。爱默生用了一句简单的话就概括出这个道理："和你一样的东西都会来到你身边。"

你是一枚人际磁石。记住这个：不管你期望的是什么，它现在正朝着你走来，就像你也正朝着它走去一样。你的首要任务就是找到你自己的那条道路。亨利·大卫·梭罗说过："发生的事情、环境等，都来源于我们自身……它们是我们播下的种子所生长出来的。”

“吸引定律”被能量支配着，你是通过你的频率和你振动的水平来吸引其他人的。如果你充满爱心，那么你也会吸引充满爱心的人。如果你是愤怒并且充满仇恨的，那么你也会吸引来同样的人。如果你是自私和贪婪的，你也会吸引来自私和贪婪的人。在你身边的人就是你内心世界一面无情的镜子。

不管你现在处于你人生中何处，也不管你现在是什么样的状态，这都是在你过去的某一点，通过你的行为，而让你处于现在这个位置的。不管大部分人想的是什么，宇宙中是不会出现偶然性的。你要清楚，所有降临在你身上的事情，不管好坏，都是你过去（不论多久以前）的某些行为造成的。

偶然发现宝藏的运气也只是表面上的幸运而已。这种幸运只会在你绝对自信的时候才会降临于你。所有幸运、愉快的事情接着也会出现。开始时，你看到首先是挫折和失败，但是最后这些却变成要达到目标而必需的条件。有一个非常重要的哲学法则。你现在所处的环境就是要达到你个人成长和发展的必需条件。你人生中的每一个环节都有它存在的理由。你面对着的一切、你要处理的一切，还有所有的挑战都包含着一切的可能性以及机遇，你可以抓住这些可能性和机遇去实现你人生梦想的胜利和成就。不管你在什么时候开始行动，朝向你生命中最高的使命奔去，你会发现其实生命是通过环境神秘地在支撑着你的前进。

给大家一个忠告：不要等待完善的环境的到来。如果每个妈妈都是要在完美的状态下才怀孕的话，那么我们就不会来到这个世上了。要记住伟大的思想需要的是你。

你外在的世界就是一面镜子，反射出你内心的世界。你的外部世界发生了什么，都是你内心世界的反应和显示。你内心在进行什么样的思想活动，你在思考着什么或密谋着什么，都会反应在你所吸引的东西上，以及你人生前进的方向上面，因为你是一枚人际磁石。

绝不批评、谴责或抱怨

如果你在不停地抱怨，吸引定律会为你带来更多类似的环境。如果你是在倾听某个人在抱怨，把你的注意力放在这个人的抱怨上，产生同感，同意他们的说法，在那个时刻，你为你自己吸引来更多让你抱怨的环境。当你在批评某件事，谴责某个人或抱怨某些环境的时候，你就变成了一个废弃的磁铁了。

这个定律只是简简单单地回应你，把你思想一直聚焦的东西反射给你。了解这个，你就可以通过改变你思维的模式，去完全改变你生活中的每件事情和环境。

11. 开启吸引定律的金钥匙

> 你的思想、感觉，以及你脑海中的图像和言语发出什么样的信号，那么你也就吸引了什么样的东西到你的生活当中。
>
> ——凯瑟琳·庞德

保持心中有爱

2001 年 9 月 11 号，我很清楚地记得我在哪里。在那灾难的一天，我呆在墨西哥提华纳的一个海滨小镇，不知道当时你在哪里呢？

接下来的几天，我脑袋里萦绕的都是那些不幸搭乘了那班飞机的乘客拨出的电话。每个人都是打给他们挚爱的人，表达自己最后的爱意。没有任何人打回他们的办公室或联系他们的理财经纪人询问他们资产的总价值，因为一个人在快要离开这个物质世界的时候，是不会在第一时间想起跟他没有任何爱的联系的人。在面临死亡的时候，他们最先想到的就是爱，"要告诉孩子们，我爱他们！" "告诉爸爸妈妈，我爱他们！" "我爱你！"

爱在一个人面临死亡时上升为最重要的因素，而它也肯定会如此，因为那是我们下意识地、有目的地利用吸引定律而创造出来的。通过考验和净化我们和我们所爱之人的关系、我们和自己的关系，以及我们和宇宙之间的联系，我们对自己的未来方向就会更清晰。我们所寻找的就是一种联系，一种能让我们拥有爱的能量的联系，而这股能量就是宇宙中最强有力、最高级、也是最迅速的一股能量。

爱总是能发挥难以置信的治疗作用。我想起了我最近读过的一篇文章，叫《救命的拥抱》，具体说的是一对刚生下来一个星期多的双胞胎，其中一个没什么希望可以活下来。这两个婴儿一开始是被分别放在不同的保育箱中，但是护士葛雷·卡斯帕莱恩却违反了医院的制度，将这对双胞胎放在同一个保育箱中。当这个护士将他们放在一起时，其中健康的婴儿向她的妹妹伸出了双臂，紧紧抱住了她的妹妹……在那一时刻，那个虚弱的婴儿的心脏律动慢慢稳定下来，体温也逐渐趋于正常。

即使是在婴儿时期，我们精神本能已经在告诉我们要去爱别人。这是一个多么简单的讯息，但它却是很强大的。如果我们不仅是对宇宙、对我们自己、对家庭、对朋友，还有对所有人类，以及对我们生活的环境都怀有深爱、赞赏和感恩之心，那么我们也会排除生活中所有混乱失调的状态，不再感到挣扎、压力等。这就是可以简化我们生活的一个方式，更甚之，它是让"吸引定律"发挥作用的一个非常有效的方式。

感恩的心态

当感恩这个心理因素碰上"吸引定律"时会产生强大的力量。感谢所有发生在你生命中的美好，就这么一个简单的心理过程，便可以神奇地改变你的感受。对你的生命、你的思想、你的身体、你的家，还有这本书，都怀有感激之心；不管你是对什么感恩，都没有关系。一旦你有了这种感激之心，你就拥有了可以创造奇迹的能量。

我还记得当我在一无所有、无比沮丧的时候去咨询一位心理引导师。他做的第一件事就是让我认识到，我在我的人生中其实是拥有很多东西的。当你与生活在贫穷落后地区的人相比时，很快地，你会觉得自己在过着国王和王后般的生活。我曾经乘船从泰国北部的湄公河游到老挝的万象，历经两天，途经一些原始的蛮夷之地；也曾游览过柬埔寨、印度、非洲，还有美国中部、南部地区，在那些古镇和老村中留下了我的足迹。每一次游览之后，我都会为我是出生在繁荣的社会而感到敬意和感激。你也许拥有食物、水，以及一个家，甚至一台冰箱、一部电视机、一台收音机，可能还有一部电脑或有能力去购置一部电脑。但是，还有很多人是没有的。要看到你现在是多么幸运地拥有这么多东西，你应该为此而怀有感激之心，因为你现在刚好处在可以为你吸引更多财富的那一点上。

每一次当你说："我很欣赏那样。我真的非常喜欢那样。我赞同那样。我承认其中的价值。"每一次你那样做的时候，你就在发挥力量，发挥可以创造出一股吸力的力量，也就是你产生了一股吸引力，将越来越多的类似东西吸引过来。

你现在应该做些什么去转变你的人生呢？首先第一件事就是把值得感激的事情列出一个清单。这样可以改变你内在的能量以及转变你的思维。往往在这之前，你的注意力都是集中在你所没有的东西上面——你的抱怨、你的问题。不过当你开始为所需要感恩的事情列出清单的时候，你的人生就转到另外一个方向了。你开始感谢所有让你感觉良好的事物，而正是这种新的思维方向使宇宙中"定律之父"——"吸引定律"发挥了作用。

约翰·德马提尼博士喜欢说的一句话就是："不管我们心里想着什么，对什么怀有感恩之心，我们最终会让它们在我们的生活中实现的。"

感恩是历史上所有圣哲都要教授的基本要点。在华莱士 1910 年写的一本书《财富的科学》中，"感恩"这个话题是其中最长的篇章。许多成功的大师们把感恩这一要素视为他们成功学中的一部分。我就像他们当中大部分的人一样，怀着感恩的心态和思想开始我的新生活。华莱士说过："一个缺乏感恩之心的人就算在其他任何事情上都处理得很好，但他也会一直处于贫困的状态中。"

如果你对现在拥有的还是不领情的话，那么你是不可能为你自己的人生创造出更多东西。为什么呢？因为在那样的状态下，你的想法和感受都充满了负面的情绪。嫉妒、怨恨、不满，以及自责等这些情绪都只会为你的生活带来更多负面影响。

应该感谢你现在所拥有的一切。当你脑海中想着你生命中值得感谢的东西的同时，你会吃惊地发现，这永无休止的想法会为你带来更多值得感恩的东西。但是你必须确立一个起点，然后“吸引定律”接受到你感恩的心态，接着回报给你更多类似的东西。你会一直沉浸在感激的心态之中，所有好的东西都来到你身边。沃勒斯·华莱士说:“每天都怀着感恩的心态去生活，这就是你的财富来到身边的路径之一。”

在这一点上，往往我们都会谈到历史上最伟大的科学家阿尔伯特·爱因斯坦。他改变了我们看待时间、空间以及地心引力的方式。他家境贫穷，刚开始一无所有，在那时，你肯定会觉得他不可能达到今天的成功。爱因斯坦形成了一个习惯，就是每天说上一百多次的“谢谢你”。当他的实验室被烧毁后，他所有正在进行的实验都化为乌有了，记者问他以后怎么办。他回答的第一句话就是“我们第二天就开始重建我们的实验室”。他并没有花一点时间为这次的损失而哀痛，反而集中所有精力于未来的结果上。他感谢所有在他之前的伟大科学家所做出的贡献，因为这些，他才能在他的研究中有所学成并获得更多成果，最终成为历史上最伟大科学家之一。艾伯特·史怀哲写下了这么一句话:“有时候我们的光熄灭了，但又被别人点亮了。对于那些重燃我们光明的人，我们每个人都应该向他们深深地致谢。”

沃勒斯·华莱士那本小册子《致富的科学》是在一百多年前写的，却等到1910年才出版。这本书渐渐成为了一本经典之作，作为众多读者中的一位，我足足阅读了五遍。鲍勃·普罗科特说这本书虽然只有1/4英寸那么厚，但是其内容却有一英里那么深……这足以说明这本书价值非比寻常。因此鲍勃·普罗科特在过去的40年中都在学习这本书。这本书的理论是很难被推翻的。作为一个成功的指导工具，它每一页都是那么激动人心，比历史上大部分同样主题的书更有说服力。作者在书中提到了致富的第一步就是:

感恩，是通向富足的第一步，就是将你的渴望转变为一种无形的物质形态。这是真的，你将会发现，通过这样去做，你就会慢慢将你自己与无形的才智和谐地联系起来。

为了说明这种和谐的联系是如此重要，我会稍作解释。如果你能遵循我提供的建议，那么你的思想肯定能和你心目中的上帝达成一致。这整个心理顺应和协调的过程可以用一个词来概括：感恩。

首先，你要相信是有股睿智的力量促进所有事物的发生。再次，你要相信这种物质是能带给你想要的一切。最后，你要通过一种深深感恩的心态将你自己和它联系起来。很多缺乏感恩之心的人，在其他任何事情上都处理得很好，却一直处于贫困的状态中。从上帝那里得到了一份礼物，他们却丝毫没有感谢之心，就因为如此他们断送了可以连接他们和上帝的那条纽带。

大家都很容易明白，我们离财富的资源越近，就能获得更多的财富。大家也明白，一个无时无刻都怀着感恩之心的灵魂比那些从来都不会对上帝怀有丝毫感激的灵魂更接近上帝。当好的东西降临到我们身边，我们的超意识中的感恩因子越多，那么我们将会获得更多好的东西……而且它们将会更快地来到我们身边。这是因为那种精神上的感恩心态驱使我们的思想更接近祝福和幸运的资源。想要免费下载《致富的科学》这本书的电子版，你可以到我的网站（www. RichardCarswell. com）获得，认真阅读它吧！

是的，大多数感恩能量的有效利用其实就在你为自己期望施与动力的创造性过程中。马克·汉森建议说："写下你想要的东西，每一句都是以这样的句子开头，'我很高兴并感谢现在我……（接下来再填上你想要的东西）。'"

下面要讲的故事是来自我的朋友菲尔·乔·维塔利耶先生最近的一本书《关键：一个遗失的可以吸引任何你想要的一切秘密》。一天我开车到德克萨斯州的奥斯汀，去和负责我的奇迹课程训练项目和执行顾问项目的工作人员见面。我和他们分享了这个伟大的秘密，就是人类能够实现他脑海里想的一切东西，这是通往成功的关键，也能为人生带来奇迹的秘密。和工作人员一起吃午饭的时候，我站了起来，告诉他们我灵感激发，要跟他们分享一些东西。我在墙上的一个白板上点了一点，然后又圈住它，接着我说："你们就在这里而已。"我告诉他们这个白板就像商场里的导购图一样，所有的商店都列了出来，然后图上会有一个小方框指示“现在所处的位置”，指明了你的方向。“你想从这里去哪里呢?”我提出了问题。一些人说，“走出这个白板”另外的一些人是这样回答的。

“这些答案都很好，”我接着说，“你们都想上升，你们都想要更多的销售成果，更多的结果，更多的财富，对吗?”他们一致同意。

我又在那个点稍微上面的一点位置点了另外一个点，用笔圈住它。我说:“这代表了你们想去的地方。”接着我提问了一个关键问题:“你怎么从这里去到你们想去的地方呢?”他们安静了几分钟，接着就有人说:“一直走上去”，有人说:“每次做一件事”，还有人说:“要打更多的销售电话”等。“这些都很好，”我说，“这些都是很实际的答案，但是我要你们回想一下《秘密》这部影片，我要告诉你们的是可以让你们梦想的东西都实现的惊天秘密。”他们都安静下来，不知道我接下来要讲的是什么。

“有人想知道这个秘密是什么?”我问。他们都突然大笑起来。他们当然都想知道。我指着那个“你在这里”的点说:“能得到你想要的东西的秘密就在这里，要对这一时刻心怀赞赏。当你对这一刻感恩时，那么接下来任何东西都会从这一时刻冒出来到你身边。你会受到激发，会采取行动。它会引导着你向上走。但是能从这一点达到上面那一点的唯一方法就是在这一点上心怀感激。”他们都曾经听过这些说教了，但是我想要他们能真正地理解它。

“这就是通向成功的钥匙，”我接着解释说明“它是一种‘要求’更多，而不是‘需要’更多。”我接着解释人要处于感恩的状态中，解释这种心态是如何引导我们向上爬的。我们当中很多人现在都过得不开心，觉得只有我们到达了另外一点才能感到幸福。但最大的玩笑却是，当最后你到达了另外一点后，你仍然感觉不到幸福。接着你就会不断地在地图上寻找另外一点了。你是利用忧愁和苦恼来鞭策自己往前走。事实上，你并不需要这样做。

只需要现在感到幸福，奇迹自然会来临。我的工作人员领悟到我的用意，他们一一微笑着和我握手。他们的眼中闪着光泽，脚步充满生机。

接着有趣的事情出现了。会议刚结束我就接到一个电话，是我的助手苏珊娜打来的。她几乎都没打过电话给我，她也知道今天我有个会议。所以我知道这个电话一定很重要。我接通电话，得知奥普拉脱口秀节目组想要我的资料，他们想在午夜前就拿到。而且奥普拉节目组邀请我做节目嘉宾！这就说明了一点：那时我很开心。正因为我是开心的，所以下一个时刻我就得到了奖赏。正因为在那个时刻我是开心的，更多的快乐也就由此产生。

你也可以做到这样。也许奥普拉节目不会给你打电话，但是你会得到你需要的。你所要做的事情就是拥抱“你在这里”这一个点，按照它的指示行事。当电话响起，接起这个电话，且这一步要充满感恩之心。我无法用言语表达这个方法对你多么重要，它能让你扫清障碍，创造你的奇迹。

感恩的心态能让一个人的人生充实。它会改变我们拥有的东西。它让拒绝否定变成承认接受，混乱无章变成井然有序，迷茫混沌变成清晰明了。它能将一餐简单的饭菜变为一桌美味的佳肴、一个房子变为家庭、一个陌生人变成朋友。感恩的心态让我们的过去变得有意义，为我们的今天带来平静，为我们的未来描画美好前景。伟大的激励学家金克拉说过:“你越是对所拥有的东西抱有感激之心，那你将会拥有越多的、值得你感激的东西。”

在我们表达我们的谢意的同时，我们必须要永远记住，最高的赞美不是用嘴巴说出来的，而是我们要与之同存。

——约翰·肯尼迪

想象你自己掌控着世界

另外一种能量来自你的想象，想象你已成为你要成为的人，想象着你已拥有了你想拥有的东西，或者想象你正在做你想要做的事情。这在第20章冥想的作用中有详尽的解释。最好要培养一个习惯，每天花15~30分钟，最好是在早餐前，去想象你的目标。这个特别的方法会保证你人生中出现正面积极的结果的。大量研究表明，在静思中花一个小时去可视化你的目标，要比花六个小时去做实在的事情追求目标更卓有成效。

想象一下，如果能拥有你想要的一切，能成为你想成为的人，能做你梦想中的事情，那是多么好啊。感受一下这些想象带来的电击般的感觉。这些感觉能创造你想要的生活。它们能将你想要的生活呈现在你的面前。冥冥中，那些感觉会带领着你、引导着你、指引你去做一些能让你梦想成真的事情。

德国著名哲学家歌德在下面的一个具有启发意义的讯息中描述了“吸引定律”，说得很好。我很喜欢这个引文，每次演讲结束之后我都会以它作为结论。你看了之后会怎样想呢？

一个人在下决心前，总有些踌躇，
退缩总是没有用的。
在主动出击的过程中，
最重要的一点
就是忽略了其中的挫折，
即使它会毁灭数不尽的想法以及辉煌的计划。
也就在那时刻，他就坚定了决心，
上帝的眷顾也降临于他，
所有的好处降临于他，
前所未有，有如神助。
由此决定而引出一系列事件，
带来一些有利的
未来、邂逅和辅助原料，
而这是没有人能想象得出来。
不管你能做什么，想象你能做什么，
只管开始吧！
勇敢是个天才，拥有力量和魔力。

——歌德

摄影机理论

有一次我到旧金山去拜访一些朋友。一天晚上，我打开电视机，刚好看到一场值得一看的采访，拉里·金正在采访著名演员、脱口秀的主持人及歌手安迪·格里菲斯。安迪刚好在谈论他的起点，他无意中就提到了关于“吸引定律”的经历，他说到有一个导演告诉过他:“摄影机不过就是一台机器而已，你给它什么东西，它就拿到什么东西。你要做的就是想象一些东西，感受它，然后摄影机会将这一切记录下来的。”

然后电视上就出现了安迪说的那部电影的一个情节，当他盯着一个女人看着，充满了冲动的时候，你可以从那个演员的眼神中看得出来，他放射出来的感受是“这个女人多漂亮和性感”。拉里·金后来说:“这是电影史上最有穿透力的眼神之一。”

宇宙就像一台摄影机。想着的一些事情，感受的一些感觉，宇宙会接受到它们，然后会放射出去。安迪·格里菲斯对那些年轻的演员们给的建议也正好就是我要给大家的：当你知道你想要的是什么，你只要去想着它，感受它，那就是它了！宇宙——所有生物的精神归宿，会接受到你的信号，接着会呈现它。

写下你自己的将来

在这方面，我提供一个我最喜欢的可以帮你的方法，就是“脚本”法。

想象一下你已经拥有了你想要的东西，然后把这种情景描写出来。这样细致地描述它，你甚至可以感觉到它的存在。假设自己是一个电影导演，要写一个你想要开拍的脚本。那么当你在写的同时将自己真正融进去，去触摸、感受那种感觉。

我有一本笔记本，里面都是我的“脚本”。我所写下来的东西都已经成为了现实。当你去想着你描画下来的“脚本”，感受它，它就很强烈地趋向现实。

所以为什么不花几分钟的时间写下你自己心中的“脚本”呢？就在现在，就在这里！如果你不想涂在这本书上，那就找一张白纸吧。也许现在这个时刻会成为创造你未来的好时机。

纳唯尔的建议能给你一点帮助。下面的引文是摘自他的一本书《不朽的人类》，这里面讲的道理不论是对男人还是对女人来说都很有用。

首先，要有个梦想，我说的梦想就是一个白日梦，一个华丽、美妙的白日梦。然后问问自己：‘如果我就是我梦想中的人，那会怎么样呢？会是如何的情形呢？’然后抓住充满期待的那种心情，将自己完完全全浸泡在这种感觉之中。

换句话说，就是身临其境这个梦想。

现在，选择你想要去体验的，不管它是什么，把它描写出来，就好像它已经实现了一样。不要这样写“我想要去欧洲旅游”。你应该这样子表达，“我现在就乘着火车从巴黎一路游览到伊斯坦布尔。真是太有趣了，太愉快了。我们坐在头等车厢，戴着白手套的侍者的服务是非常到家……火车的速度，哇，居然一小时超过300公里。我们在第二天早上早餐后就到了伊斯坦布尔，接着我们第一件事情就是……”

你有了一个想法。假设这天已经过去了，而你是在记录你这一天所发生的经历，而这经历就是你想要在这一天体验到的。要详细地描写出来，要心怀快乐，享受这一过程。按你想的方式去描写它，就好像记录已发生的事实一样。现在就开始吧！

问你一个问题：如果你现在还没有开始行动，写下你的“脚本”，为什么呢？

最重要的事情就是你要知道，你是通过这一时刻创造出你的一刻。你现在做的事情会发出能量吸引你不久会得到的东西。这就是“吸引定律”的运作……记得吗？当你写你的“脚本”时，要保证你是怀着激情写下它的，因此你就塑造了一个强有力的“思想形式”，或者一股饱满的能量，它被传送到宇宙中，让你的“脚本”变成现实。

这是不可省略的一部分，它太重要了。我们在一个能量的水平上都是互相联系着的。在 1943 年，卢修斯·汉弗莱写了一本杰出的却很薄的书《正确的方向》，在这本书中，他写道：“当我们将我们每个人都看成是一个独立的个体时，我们并没有将我们和世界分离。我们是单独的个体，却不是隔离的个体。”

因为我们都是联系在一起的，基于“藏在背后”的能量水平上，我们可以向宇宙提出很大的要求，如果我们不是太依赖结果，而是敞开思想去接受我们所要求的结果，我们将会得到它或别的更好的东西。无形中促进你要求实现的人们在一定程度上也会感受到你的能量。他们会受到他们自己的精神所推动，进而帮助你达到你的梦想。

这就是通向成功的精神法则，而且是从来没有失败过的——绝对保证！这就是吸引定律运作的方式。返回到前面的横线那里，写下你的“脚本”吧！

红旗理论

红旗理论说的是，在你经历自己的一生时，会出现前进、暂停，甚至是停止和撤退的标志。它们有点像在高速公路上的路障一样，告诉你要在自己的车道上行驶。我把它们称为红、黄、绿旗。关键就是你要注意到这些标志或“旗子”，然后按它们的指示行事。

当你注意到宇宙给予你的信号，然后采取根据“灵感而发的直觉”行动时，那么你的生活就过得很顺畅。反之，你会撞到限速标志，出其不意的减速，或者被不可逾越的障碍物挡住。

有一次午餐时，我在为一些朋友解释这个红旗理论。其中一个朋友正深陷难缠的商业关系中。我向他解释说，在他的关系还没混乱前，也许生活中就已经出现了黄旗在向他发出警告了，于是他叫我举个例子说明。以我自己的经历为例子吧，我记得十几年前，我在加拿大建了一栋复式房子，那就是一场噩梦。我并没有赚到我计划中的利润，金钱遭受损失，还浪费宝贵的时间。

当我回想当时我为什么会签下这个合约，建一所这样的房子时，首先就想到在第一天的时候黄旗就出现了，并向我发出警告，只不过我根本就没有注意。

我并没有太过关注这些黄旗的警告，因为这个人付了钱给我，而且当时我需要钱（或者说我觉得我需要），再就是我可以有机会去接下个合同，对于一个刚刚踏入建筑这一行的27岁的年轻小伙子来说，这可是一件好事。确实，当回顾过去，我得到是宝贵的经验。我很快就成熟起来。记住，如果你忽略黄旗和红旗的警告，一意孤行，最终会吃到苦头。

所以我不再理睬那个人所谓的承诺了，按照那些旗子发出的警告从事。但是一旦你还没采取任何行动的话，黄旗就会变成红旗。最后我只好结束了和那个人还有他儿子的来往。

在每一段关系中，每个时刻都会有暗示、线索和“旗子”。关键就是你要时刻清醒，对出现的每一个标志负起责任，然后采取行动。

一面黄旗并不是表示要“停止”，它提示你要保持警觉，前方有险。如果你不能解决这个问题，或者是晃倒它，你必须要脱离当时的环境，寻找另外一条道路。

这里还有另外一个例子，记者唐尼·多伊奇几年前在CNBC节目主持的《大创意》中采访了纽约市的地产、赌业、酒店和娱乐行业中的大人物唐纳德·特朗普。唐纳德是整个美国的偶像，他本身就是一个现实的美国成功者的典范。他至少是5本畅销书的作者，最近出版了一本《地产大亨特朗普：如何致富》，在这本书的前言中，他说有50亿个理由说明你为什么要读这本书。你能猜到这50亿个理由是什么吗？当然，如果你猜到的是用美元来算的话，那就对了。他的总资产价值60亿美元。

1987年，唐纳德写了一本书叫《生意的艺术》，在那十年间成为最畅销的一本商业书，销量超过300万本。在那本书中，他写道："商业规则1，如果你不告诉别人关于自己的成功，他们是不可能会知道的。"他曾说过："几个月之后，我拿起这本《生意的艺术》，粗略地读了一会儿，阅读了第一段和最后一段。我发现17年过后，这些说法还是如此坚不可摧。就像是我昨天刚刚写过的东西。"

第一段："我并不是为了钱。我已经拥有足够的金钱了，比我想要的还要多。我这样做就是为了做而已。做生意就是我的艺术表现形式。其他人在帆布上可以画出美丽的油画，或者写出美妙的诗歌，而我喜欢做买卖，特别是大生意。这就是我为什么会成功。"

最后一段："不要误解我，我也在计划着继续我的生意，大买卖，每时每刻地。"

"现在是2007年了，我还是天天进行着我的生意，而且我并不是为了钱而这样做的。我也觉得你不应该为了钱而去做生意。金钱并不是结果，它却是能帮助实现我们目标的最有效工具。所以当你有了远大的目标，你正寻求实现的方法时，那么这本书适合你。"唐纳德在这本书以这段话为开篇。我都读过了他这两本书，他是我心目中的地产界偶像之一，虽然我并不赞同他很多理论。相信我，他运用了"吸引定律"，而且达到最高水平了。最后引用唐纳德的话，跟大家分享，"如果你要有所想法，不管怎么样……你要想得更远大一点。"

现在回到刚刚提到的那个采访上……唐纳德在节目里说，他有一次患了流感，而当时要去结束一桩买下报社的生意。有趣的是，唐纳德说他从来都不会生病的，但是那天他却病得很厉害。他将这个病看成是一个暗示，就是不要去签这笔合约。结果证明，这是一个正确的决定。如果成为一个报业出版商的话，那就不是唐纳德了；唐纳德应该是一个地产巨亨。那个流感就是一面红旗，叫嚣着"要停下来"。

我猜唐纳德也许在签合约的前一天就已经有黄旗在警告了。除非你完全忽略所有黄旗，红旗才会出现。这就是重要的一点：提防黄旗的出现。

当然，绿旗是好的标志，暗示着这条路是可行的。但是如果你不行动的话，你也会得到黄旗、红旗的警告的。通常我是不会得到绿旗（或者任何一面旗）的指示，直至我有所行动。这有点像踢足球，球赛还没开始时，往球场上任何一面旗投球是没有任何意义的，但是一旦活动开始了，你便要开始去看准旗子了。

人生中也是一样。我会因为感到良好而开始做一件事。在我行动之后，这个游戏就已经在进行中了。从那一点开始，我就要时刻注意着，对所有的标志、信号还有宇宙给予我的灵感有所行动。

此外，当新的讯息出现，新的关系建立时，新的旗子也会出现。人生并不是静如止水的。只有当生命结束，这场游戏才会结束。所以你必须时刻保持警觉和清醒。

注意宇宙发送回来给你的信号，根据“灵感和直觉”而行动。

独处静思：大师的手段

潜意识行为定律告诉我们：“任何深深刻在我们头脑中的一个思想、一个计划、一个目标、一副清晰的图画，或一个想法肯定会通过我们的潜意识使其成为现实。”

物理学家以及诺贝尔桂冠获得者阿尔伯特·爱因斯坦说过：“智力与发明东西没关系。其实是个人思想上产生了一个跳跃，可以说是灵感或其他什么东西吧，然后很快心中就有了解答方案，你也不知道这个过程是怎么样的，也不知道为什么会这样。”试着去独处，这是能从根本上使你生活往最积极方面转化的最有效方法之一。经常处于独处的状态下，你会从你深远和强大的潜意识得到对的想法和启示，按其行事，便能改变你事业或个人生活的整个方向。你只需花几个小时的时间，尝试几次，然后你就会看到结果。

历史上记载的所有伟大的精神导师都教导了尝试独处和沉思这一课。

大部分人都会忽略这一点，我曾经也是如此。我上了很多关于冥想的课程，也和很多伟大的大师一起进行过这样的训练。他们告诉我，我要在冥想和静思中达到平静的独处，而我所想知道的答案也会得到解答，我觉得这个太简单、太容易了。我仅仅当它是场作秀而已。其实它是更复杂的一种方式。但我那时是多么笨啊。我花了这么多钱，几乎飞遍半个地球，参加那些昂贵的研讨会和突破见识的课程，最后很惊奇地发现冥想原来是如此简单。就像“哇，我为什么就想不到那样呢。”它看起来很简单，但其实却蕴含了深刻的道理。

大多数人从未想过尝试“独处”，就算知道它能非常有效地让你和更高层次的自我或者是潜意识直接对话，并从中得到启发。法国数学家和哲学家布莱斯·巴斯卡写下一句话:“任何人出现问题都是因为没有能力随时独处静思。”

向你的超意识自我发出要求

当你为一个痛苦的问题寻求答案，为一个困境寻找进退维谷的方案，或者需要做出艰难决定时，试着独处一下。这其实就是：你相信潜意识的力量，或你认为只依赖意识就可以做得更好了吗？如果你像我一样，你会觉得这个听起来太简单了，一点都不真实。但是后来我发现确实是很简单，但几乎没有任何理由可以驳倒这个事实，就是通过你的超意识，那些美妙的东西和见识会直接被送到你身边。通过“吸引定律”的作用，宇宙正在忙于重组，也只有最聪明的人才能完全得益于它。当然你也可以的。我要想告诉你，让你就干坐在那里，什么事也不做是非常困难的，特别是当你像我一样好动，那更难了。

最好就是到一个大自然的场所。当然，你也可以在你的房间里进行，但是如果你能在自然界中、在小溪或湖边、在山脚下、野地中、小河边或公园里，或者在树林中进行，效果会更好。自然界中天籁般的声音会让你灵魂感觉很舒服，狄帕克·乔布拉说过:“大部分人都缺乏自然的熏陶。”

坐下来，安静下来，驱散任何噪音的干扰，不要分心，就这样静坐一个小时。人们说："当人花些时间独处，倾听自我，不管是男人还是女人，都会变得伟大起来。"

不过，要花一些时间才能让你的头脑清晰起来。印度瑜伽大师们说，思想是很难静止下来的，因为它就像一个醉酒的猴子一样，从这一个想法跳跃到另外一个想法。过一会，你的身体和思想的活动才会减缓。独处静思的目的是让你自己尽可能地感受平静和放松的状态。但是，要注意别睡着了，微微睁开你的眼睛，盯着某处的风景、瀑布、海里卷起的浪花、白云或缓慢的小溪。慢慢的，你就会体验到那种感觉了。

通常，在你冥想或静思独处的时候，你会睡着了。就这样静静地呆着，什么也不做，真的很难。你的思想就像"喝醉酒的猴子"，从这个想法跑到那个想法，从这个话题跳到另外一个话题。经过一段时间，会有很有趣和意想不到的事情发生。你的思想会慢慢平静下来，你会进入一个安静的空间里面，在那里你可以看你身边的事情的发生，不需要做任何判断，不需要做任何努力。你仍然能听到声音，可以感受到你的身体，还有一种深深的感觉，来自你内心的平静和愉快。你仍然有不同的想法，但是它们不再像开始那样狂乱了。你会想得更深入、更有洞察力、更睿智，显示了更深入的理解。你会感受到前所未有的一种联系，明白你从来都不知道你拥有的动力，在更深层次看待你的恐惧和渴望。你所面临的问题和挑战都瞬间在你无比清晰的脑海中有了解决答案。

你会感到放松、平静，比以前更清楚你的目标。所有外在压力都会作用于你、考验你、诠释你，让你达到目标，满足其他人都不敢奢望的需要。你会对自我和人生目标有着深深的认识。当你开始集中注意力于你心中最想的、和你精神达成一致的伟大目标时，解决方案最终会出现在你的脑海中，清晰的想法还有图像，你需要的人，还有你要克服途中遇到阻碍的每一步都会出现。这一切都会变成真正的神奇的经历。

美国第29届总统西奥多·罗斯福说过："我们所需要的全部资源都在我们的头脑中。"不管你现在所处的环境是怎样的，通过独处静思，"对"的答案会在"对"的时间以"对"的形式来到你身边。当你完成了你的独处静思，然后根据得到的答案和引导马上付诸行动，你会发现那的确就是你要做的事。

在过去几千年中，上千位不同导师用了数千种不同的表达方式，但他们都表达了同样的意思:“当没有答案时，询问一下你的内心!”有规律的独处静思，会将内心的繁杂驱散，让你聚焦和辨认出内在的微妙的促动。如果一对父母在冬天时坐在溜冰场边的长椅子上，在场内溜冰的孩子都在大笑、大喊着，互相玩乐着；但是在嘈杂中，在这么多嬉戏的声音中，那对父母却能够认出自己孩子的声音。这和你潜意识产生的直觉是一样的。当你的头脑平静下来，你精神就会更和谐，因此，当你内在的声音通过语言、意象、感觉和感受与你对话时，你也就更容易辨认出它的声音了。

一个古老的传说

生活中所遇到所有的挑战和问题的解答都在于你的内在。很久以前某个时候，凡人是可以接触到自己的超意识的。根据一个古老的传说，所有人都可以获得天神们给予的知识和讯息。后来天神们厌倦这样的给予了，因为有些人并不利用它们，也不珍惜它们。所以有一天，他们就决定要将这些珍贵的、充满智慧的礼物藏起来，因此也就只有最诚心的探求者才能发现它们。他们觉得这样才是正确的，他们觉得只有当人们努力去发掘这些礼物，他们才会更珍惜它们，才会更小心地运用它们。

其中一个天神建议说:“将它们埋在地底深处”,“不行,”其他天神都反对,“太多的话人很容易就在地底挖掘，然后就发现它们了。”“那我们将它们放在最深的海洋底部吧。”另外一个天神建议说，不过又被驳回了。他们知道始终会有一天人们将学会潜水，也可以很容易发现它们了。另外一个天神就说:“将它们藏在最高山峰的顶峰。”但是他们都知道人类都是野心勃勃的，人类始终会登上世界上最高的山峰，接着就会找到这些礼物了。

最后，最具智慧的天神终于开口了:“我们把它们藏在人类内心最深处。只有最聪明的人才会想到要在那里寻找。”这个古老的传说一直沿传至今。

迈克尔·J·盖尔伯是《像达·芬奇一样思考》的作者，他在书中写道：“大脑研究专家估计，人类潜意识的资料库要比大脑的大很多，是其千万倍。这个资料库就是隐藏起来的资源和你的天性。换句话来说，它就是你的一部分，但比你更睿智。聪明的人一般都会咨询更睿智的这部分。”咨询自己的潜意识并不是只有天才和物理学家才能做的事情。每个人都有这种能力，并能运用它。你的潜意识会产生灵感。要凭直觉去迅速行动，因为这是“吸引定律”为你带来的想法环境，以及资源。

你有没有试过这样的情形：当你在想着你的老朋友乔丹时，突然电话铃响了起来，是乔丹打过来，他也是刚好想到你，就给你打了电话。你经历过这样的事吗？在半夜突然醒过来，隐隐觉得好像你的亲人出事了，之后发现你所爱的人真的发生了车祸，而且就在你感知的那个时刻发生的。你有没有试过有时背后感到怪怪的，然后转过去发现有人在盯着你看？我们都有过这样的直觉。关键就是要随时能够抓住它，让它促进你迈向更高层次的成就。

你的超意识是如何和你沟通的

你的超意识通过很多方式和你交流。你也许会从一部电影中得到一个图像或一系列的图像讯息。而且通常是在你彻底放松、没有再想着这个话题或问题的时候，在你最没想到的情况下，讯息就降临到你身边。也许是当你刚睡醒的时候，或者在一个奢华的热浴缸里泡澡，或是自己一个人呆在大自然当中的时候，它就出现了。有很多方式可以让你得到讯息，比如说一个预感、一个想法或一个现实中的声音告诉你“是的”、“不是的”、“还没行”或“去追求它”。它也许就以一个能产生共鸣的词语、一个简短的句子或一段完整的讲话的形式传达给你。你甚至可以与这个声音对话，洞察力会变得更尖锐，思想也会更清晰。

你的潜意识可能会通过你的感知器官能传达讯息给你。如果你感到发寒，有一种被缠绕的感觉，心情不平静，内心不舒服，胸部揪得紧紧的，或者头痛，这些症状其实传达了一个讯息，就是“要提防或注意”。反之，如果你感到异常快乐，有一种眩晕的幸福感，内心暖烘烘的，心中无比舒畅，有一种放松的感觉，有种解脱感，或是一种解压感，这些就是一个正面的交流，或是标着“是的”的对话。

有时候你的直觉是通过你的情绪产生的，比如压抑不住而号啕大哭的那种感受、一种不安的感受、一种集中的或者迷茫的感觉。如果信息是正面的，你就可能感受到内心无际的平静、愉快，甚至是心花怒放。一般来说，它就是那么简单，就像一种“心照不宣的感应”一样。你听过多少次这样的话语了:“我不知道为什么会知道，但是我就是知道这样子”,“我就是觉得应该这样子”,“我的心告诉这样的”，或者是“答案就存在我灵魂的深处”。

如果你能和你更高层次的自我直接交流沟通的话，那么你从自我得到的讯息，心中会产生确切感，头脑会无比清晰。你会知道你得到的这个讯息就是对的，因为它携带着一股热情和兴奋。如果你在为一个问题找解决方法，在想着做出一个决定，或者做出一个计划，却对此没什么精力，感到无趣以及没有任何动力，那么这就是一个很清楚的信号“不要那样做”。但如果你对那个决定、答案充满激情和精力的话，那就是你的潜意识在告诉你应该往前走下去。

波特·杜宾的故事

当我住在加利福尼亚的时候，我遇到一个人，他叫波特·杜宾，是“波特·杜宾成功演讲机构”的创始人。如果你想成为一名演讲家，可以上 www. BurtDubin. com 看看。波特是一个非常有才华的地产投资商，他知道怎样去启动自己的潜意识，他也相信他的直觉。有一段时间，他一直想在亚利桑那州的金曼四周购置地产。他知道这个投资很好，但是他找不到在出售的房子。一天晚上，他像平常一样上床睡觉了，凌晨3点的时候他突然醒了过来，内心有种直觉告诉他现在去亚利桑那州的金曼，而且马上就动身。

波特觉得很奇怪，因为在当天他致电给金曼的房产经纪人，就已经被告知没有那样的房子可以出售了。但是他知道要去相信自己的内心，所以波特迅速开车连夜赶去金曼，在早上8点就赶到了金曼。他来到一家饭店，买了一张报纸，翻到了房产那一面，然后就看到了那里有他想要的房子在出售。于是9点，他就直接到了那家房地产公司，9点15他就买下了这个房产。

但是这怎么可能呢？在前一天，他才被告知没有那样的房子出售。但是他没想到在同一天下午4点30分的时候，纽约的一个人就打电话给这家房地产公司说要卖掉他的房子，因为他急需一笔钱。那时太晚了，所以房地产公司就没有将这个信息列在单上，他们知道周末的报社一般都在5:00后才下班的，所以房地产公司就打电话给报社登了这份广告。也是因为波特相信他自己"内心的幽幽微弱的声音"，在大家还没怎么了解这样的房子之前，他就想方设法去买到这样的房子。

康拉德·希尔顿的故事

酒店业的传奇人物康拉德·希尔顿，希尔顿连锁大酒店的创始人，在几十年前的一个拍卖会上，递交了一个密封的标投165000美元，想买下史蒂文斯公司。后来第二天睡醒的时候，他脑海里想着应该要投180000美元。所以他就将他之前的标投改为180000，于是他就成功买下了这家公司，之后还赚了200万美元。

一个地产投资商在半夜听到了自己内心的声音，一个侦探家凭预感解决了一个棘手的案件，一个投资者知道在何时该抽身出市场，或者一个后卫球员感知到一个四分卫接下来应该要怎样做，成功的人都相信他们的潜意识，相信它会在确切的时间提供正确答案。

你，也可以像他们一样，启动你潜意识的力量，为你赚更多的钱，帮你更快地做出更好的决定，更迅速地解决问题，助你释放你的创造才华，看清别人背后的动机，让你去预想一个新的事业，帮你达到你的远大目标。

聪明的人会花时间去倾听他们的潜意识。在你处于最放松的时候，敞开心扉，最珍贵的直觉会来到你身边。在冥想中的任何一个时刻都要做好如此准备，那么你一天都会有所体验，特别是当你在大自然中独处时。在混沌的一天中，你想要下一个决定，可是不知道该怎么办，那么就停下来，深吸一口气，思考这个问题，让你的潜意识告诉你应该怎么做吧。注意你内心可能会出现的所有意象、感想或预感。这时你的直觉马上会出现了，但如果是其他时候，直觉往往是在你最意料不到的情况下出现的。

很合理的，你的潜意识是可以很清晰地对你能提出的问题做出解答。向你的潜意识提问，应该以这样句子开头："我应该……""我应该对此该怎么办？""我怎样才能……？""我下一步应该怎么走呢？""我下一步要怎么做才能赚一笔大钱呢？"

你应该提出类似这样的问题：

我下一步该怎样做？

要想减肥，达到我想要的体重标准，最明智的做法是什么呢？

这个人值得我终身相伴吗？

我们要怎么做才能保证成功卖掉这个公司？

我想要今年提高销售量和利润，应该怎么做？

选择什么样的方式才最能激励我的员工？

选择这份特殊的工作，我合适吗？

我应该搬去一个特别的国家或城市吗？

一旦知道你的答案，马上写下来。这些讯息一般都很狡猾，所以它们很快就会从你的记忆中溜走的。就如厄尔·南丁格尔经常说的一句话："好的想法并不会呆得长久……它们必须要马上和纸张结合才行。"近代神经系统科学研究表明人脑中一闪而过的想法、一个直觉或任何新的想法如果不在38秒内被纪录在纸上的话，那么人很有可能永远都想不起来了。我之前听过一句话，"好的想法不喜欢长期的约定，它们需要和迅速的行动马上定下约定。"马克·维克多·汉森说过："当你想到什么时，写下它。"遵循童子军的座右铭"时刻准备着"，随身携带一个小型电子录音笔或者纸和笔。

当你运用了你的才智去探索答案，你会在最短的时间得到它，而且你将会得到更多。坚持这样下去，过了不久之后，你会觉得好像生活在一股流水中。你的生活会变得更容易，不需要费什么力气，因为你越来越依赖你的潜意识了。你通过自己的潜意识越来越相信自己，那么你也会对它更有信心，你的人生也会有更多积极的东西出现。

运用你的潜意识吧，它与宇宙中的信息仓库是紧密相连的，相信它，遵循它的忠告。记住要"靠直觉行动"，只有快速的行动才会显示出你要实现梦想的勇气。当你这样去做的时候，你已经非常信任你自己和宇宙重组的力量。这些过程，我的朋友们，通通都是通过"吸引定律"而进行的。

12. 流露内心欲望

> 一个人就算受了再多的伤，也不会死去，除非他用光了注定的生命配额；同样，就算一个人静静地呆在他居所之下的篝火旁边，他也逃脱不了注定的死亡。
>
> ——埃斯库罗斯

你的期望和信念都是各种各样的想法。要想“吸引定律”产生作用，你必须“要求而得到给予。”那么，你怎样去要求呢？大部分人向上千个不同名字的神祈祷，向他们发出要求。著名的十四行诗人及抒情诗人莎士比亚曾经说过:“不用下跪，你的祈祷每时都能发送到天堂。”这表明了任何人在任何地方都在祈祷，不论他们有没有意识到……他们的祈祷和想法已经向上天发出了要求（信号）。你的请求、你的需要、你的期望、你的要求都通过你的想法，以及因为你的关注和聚焦而发送到了宇宙中。一旦你有了一个想法，并带着一股热情，宇宙就会对这个想法发出的信号做出回应。那股热情是从你的内心发出来的，正是这股热情让“吸引定律”产生了作用。当然，因为“吸引定律”的作用，所有人的祈祷都会得到他们心中上帝的解答。对每个人，它都在产生作用……每时每刻的。

信念就是一种内在的意识，就是我们心中知道宇宙会按时给予我们需要的东西。这并不是说我们对发生到身边的事情没有操控能力。当然，我们是有这个能力的，但只有当我们放飞自我，重新让“自我”与“更高层的自我”或“内我”和谐一致，这个能力才会被释放出来。当我们的内我与神圣的精神结合，我们就能参与创造我们的现实。

所有的期望的本质都是期望感觉良好。任何人想要达到期望时，无一例外都是想要自己感到更好。不论你是想要达到一个物质上的目标、一个健康的身体、一段关系、一种条件或一个环境……在每一个期望的深处都是期望感觉良好。

一个适时的想法是最有力的

宇宙的时间运转完美无缺，而我们人类的到来，就是其中一个神圣的巧合。

大家都知道，我们控制不了发生在我们身上的事情：我们的身体在长高、发育、变化，脱离了“自我”的欲望和想法。我们都知道，我们最终都会脱下这套穿了一生的被称为“身体”的外衣，但是这并不是我们自己决定的，而是时机已到了。埃斯库罗斯在下面这段话语中提到了他所谓的“注定的生命配额”：“……一个人就算受了再多的伤，也不会死去，除非他用光了他注定的生命配额。同样，就算一个人静静地呆在他的居所之下的篝火旁边，他也逃脱不了注定的死亡。”

埃斯库罗斯在他那个时代是最有名的剧作家和学者，在他的著作中，他主张直接的神圣的引导。他和苏格拉底、老子、耶罗艾斯特、佛陀以及孔子都是生活在公元前5世纪的圣哲。

当你环视这个世界，你将看到各种各样能吸引你注意力的经历、无数的行为以及才能，但有时很难，因为你只能聚焦在最高的“渴望”上面。往往大家都会感到迷茫，就像走进一家服装店，看到所有的衣服都很漂亮，要挑出自己真正需要的风格，真的很难。但是这个过程一般都是与最非凡的人生共存的，它时不时改变你能做出的决定。

想象你自己是一个优秀的厨师，在一个装备齐全的厨房里忙活，那里有许多各样的材料，你可以从中挑选出来烹制你喜爱的菜肴。而且厨房里也有无数的帮手在旁边帮你将各种各样的蔬菜、水果和面包切好。只要你愿意，你就可以烹制出你想要的任何一道菜肴，但是你突然发现有太多选择了。你会停下来几分钟，接着会再度回到自己的工作中，那些你不需要的多余材料也不会再碍你的眼。所以，你将那些不适合的材料清除出清单，仅仅利用你觉得能加入你“作品”的材料。

现在你所做的就是将这样的做法运用到你的人生当中。你不可能拥有所有的选择。只有聪明的人才会简化生活，仅选择最有利于他们人生的东西，让他们走向非凡。

我20多岁时，在加拿大西部从事建筑行业，那时我的一位最好的朋友很喜欢滑雪。我17岁那年冬末，就和他一起去北部的魁北克滑过雪。那时我们没有任何装备（很大的失误），沿着给初学者用的斜坡滑了大约有3～5英里那么远，那个过程就是在不停地摔倒、爬起，然后又向前进，失去平衡，又摔倒。我肯定摔了不止一百次。但更惨的在后头，当结束的时候，我们走进滑雪旅馆里面想吃点东西，暖暖身子。那时我的牛仔裤上都是雪（那时不强制一定要换上色彩斑斓的滑雪套衫），火炉的火把身上的雪融化了，就只留下浑身湿答答的我了。吃完午餐，歇了一会，我们不得不跑回去，搭乘下午那班升降机上到山顶，然后接着滑下山坡（如果那样也算滑雪的话）。坐在升降椅上的20分钟，我的牛仔裤、毛衣和大衣都变得像石头一样硬了。接下就更惨了，我们不停地摔倒、大叫，冷得直打颤，我冻得都在大哭了。记得有次我滑得非常快，越过了一些障碍，根本就停不下来，甚至都不能减速。我“滑”出了规定区域，时速大约是每小时30公里，摔倒在一片树林中，那些瘦小的树木大约就和我的手腕那么粗，高3米左右。我应该录下那“精彩”的一幕。我第一次滑雪的经历并不开心。是的，我那时本应该参加滑雪班的，掌握滑雪的窍门，然后再和朋友们参加冬天的滑雪之旅，然而，你不可能拥有全部的选择，大家都不可能这样的。对于我来说，我就选择了其他的事情，比如开飞机。最后我拿到了飞机驾驶照，开上了私家飞机，总共飞了315小时，飞往加拿大、美国和墨西哥的八十多个机场。

13. 显化你的目标

> 看着你的梦想实现。运用你所有的感官去感受吧。瞄准你想象的场景。坚持下去，直到你感受到现实的颤抖，然后再放手，让那幅场景显现在现实中。
>
> ——纳唯尔

我第一次听说来自巴巴多斯岛精神激励作家纳维尔的名字，是1992年从我的一位老师鲍勃·史蒂文斯的口中得知的（www. masterysystems. com）。我参加了六七次鲍勃主讲的培训课程，他的思想到现在仍深深影响着我。他是当今世界上位居前几位的虹膜诊断学和感情治疗专家之一。鲍勃通常都会提到这个死去已久的名为纳维尔的人……所以我才会买一些纳维尔的书来读。你会发现我只是说“读”而已，我并没有说要“融会贯通”。大多数的人对自我发展都很有激情，我也不例外，希望能翻遍所有的书籍，搜寻曾经存在或现在可以帮助我成功的因素。因为上帝知道我有目标，而且我一定要实现它们。

当时纳维尔的书给我的印象就是它们都是那么暗淡。它们还可以，但也许还不够激励人心。很快，我就不再阅读它们了。现在再回顾过去，其实是我还没达到那种程度。他的观点远远超越了我当时能理解的水平。所以现在我又拿起了他的书，认真阅读。

纳维尔是一个很有吸引力的人物，著有经典之作，《承诺的法则》和《这个世界之外》。他教导人们如何运用想象去观想自己的目标和结果。他教授人们用感情、激情和心去想象自己的梦想。这些都不算新的内容了，但是他会引导你“想象你已达到了梦想”。这就是一个全新的观点。他经常在他的演讲上说：

“我激励你运用自己的想象力，在所有人的辅助下，进行想象，要相信你所想象的所有事情都是真的。如果你有一位这样的朋友，希望找到一份高薪职业，那么你就认真倾听他的计划，直到你听到他告诉你他新的位置。感受他握住你的双手，看着他脸上的微笑。运用你所有的感官去瞄准这个想象中的场景。坚持着，直到你感受到现实的颤抖，然后再放开手，让那幅场景自己实现吧！”

你会注意到纳维尔并没有让你就仅仅聚焦在你朋友想要找到一份工作的画面上。他也建议你去倾听你朋友的声音，感受他的触摸，感受那种场景实现带来的战栗。我记得鲍勃在引导冥想训练的时候也是运用了这个技巧。

纳维尔对“吸引自己的现实”科学的伟大贡献有两方面。其中一个是“你必须要感受到你已经拥有你想要的东西的感觉”，另外一个就是“想象你的梦想已经实现”。我把这个过程称为“显化你的目标”。

我的一位朋友有一本纳维尔的书，他在上面签下了一句话“想象愿望已达到的感觉。”这就是关键。你必须学会去想象愿望已达到的感觉，以此“显化你的目标”。

那么该如何做呢？从明天早晨的冥想开始吧！当你想象着你的目标已经实现的时候，感受那种感觉，感受那种愉快，还有胜利……感受那种快乐、骄傲，还有自信。要达到那种境界，感受目标实现之后的感情，而不只是观想它而已。我记得马克·维克多·汉森在一次录音节目说道:“想象、激动、实现”。想想这句话，里面的内容说得很对。目标其实就是要感受到那种“已经实现目标”的感觉；想象那种达到胜利的感觉；想象你的梦想在逐渐实现，你已经成为你想成为的人，或者已经在做你想做的事情。在这个过程中,“吸引定律”将会发挥它最大的威力和效力。

纳维尔建议的就是要你去感受那种愿望已经实现的感觉。我还记得鲍勃的一句话:“感受它……感受那种感觉，真真正正地感受它。”你肯定会感受到那种感觉，感受到来自你想吸引的东西那股积极的动力。它会出现在你的脑海中，但是这一切都要等到你能够怀着感情去想象它（想象它已经实现了)。如果你不能做到这点，那么你就遗漏最重要的一点，而且很多关于自我发展的书都没有提到的一步。

情绪是有力量的。从销售方面来说，大家都知道“买东西的时候是凭感觉来买的，过后才理智地评判值不值得”，这句话很多时候都是对的。行销专家认为人们并不是根据逻辑思维来行事的，他们凭情绪而行动、买东西。如果你拥有了你想要的东西，成为你想要的人，或者做你想要的事情，你会有什么样的感觉？感受那种感觉吧，这样你就开始调用“吸引定律”的力量。那种情绪中的能量会牵引着你朝向你想要的东西前进，同时也将你想要的东西吸引而至。

如果你想要吸引财富还有其他任何东西，你需要拥有你自己的力量，你需要拥有自己的能量。你可以去问任何人，他们怎么看待你的目标，但最后还得由你自己来决定。在你身上，只有你才是权威。我的朋友曼迪·埃文斯经常问我:“你读完所有的书，听完所有的讲座，你怎么知道你应该怎么样做呢?”简而言之，你必须拥有自己的能量，而且要为自己下决定。

这个能量，这股激情，就是“吸引定律”产生作用的关键因素。

14. 什么是IQ成功点

> 财富来得如此迅速，而且如此巨量，有时候我们都会纳闷：此前那些年，财富究竟躲在哪里……
>
> ——拿破仑·希尔《思考致富》

在你进入这一章之前，让大脑休息一下。先来玩玩下面这个由专家兰迪·盖奇设计的小测试，看看你是否感染上“缺乏”和“限制”的“病毒”。这个测试能反映你现在的“吸引因素”是否在运转。你可以多复印几份和你的朋友与深爱的人一起分享。

1. 你心中暗暗害怕，当你富有之后，你的家人和朋友会不再喜欢你了。

□是　　□否

2. 在你成长的过程中，你有没有经常被教导：“我们也许不会富裕，但至少我们讲诚信”？

□是　　□否

3. 你有没有受到“现在的牺牲是可贵的，死后就会得到荣耀”这种信仰的熏陶？

□是　　□否

4. 当你赚的钱比你父母的还要多时，你会不会感到过意不去？

□是　　□否

5. 你是不是被教导只做安排好的事情，而不敢去追求自己的梦想。

□是　　□否

6. 在你成长的过程中，你是否一直喜欢这类型的电视节目，比如“达拉斯”、“王朝”、“盖里甘的岛”、MASH，还有“豪门新人类”等，那些电视剧里的人物肆无忌惮，玩阴谋策划，或自命不凡、装模作样。你喜欢这些电视剧吗？

□是 □否

7. 你是否患有连医生也束手无策的慢性病？

□是 □否

8. 你会不会妒忌那些穿高级衣服，开豪华轿车，住洋房的人，会不会因此在潜意识中培养了一种“讨厌富人”的心理呢？

□是 □否

9. 有时候，你会不会觉得贫穷也是一种高贵、浪漫或精神呢？

□是 □否

10. 你会不会结束一段消极的关系，马上又重蹈覆辙陷入另外一段感情漩涡之中？

□是 □否

11. 你会常下这样的结论吗，比如“就像教堂里的耗子一样穷”、“富得丑恶”或“肮脏的钱财”。

□是 □否

12. 你会不会为你的失败找些借口？比如“有资金才能赚钱”、“必须要有点人脉关系”，或“必须做到最好”。

□是 □否

13. 你希望成为一个失败者吗？你享受努力去争取每一个机会的过程吗？

□是 □否

14. 你会为了博得你身边人的同情和关注而去经受健康、财政上的挑战，或生意上的失败？

□是 □否

15. 你的感情关系稳定了，也拥有足够的金钱，身体也健康，但你是不是觉得生活只是过眼云烟呢？

□是 □否

如果你有13到15道题都是回答“否”的话，那就表明：你的致富智商非常高，而且可以将这个测试题转给别人来做了。

如果你有3道以上的问题回答“是”的话，那就表明：在你的潜意识中，很有可能存在一些致富的思想。但是你生命中没有激情和兴奋。你知道有些东西失去了，但你可能不知道什么。

如果你有5道以上的问题都是回答“是”的话，那就表明：你很可能就停滞在一个圈子里。你的进步很小，但同时也经历着挫折，因此你也就不能突破自我而达到真正的成功，获得你期望和应得的快乐。

如果你有7道以上的问题都是回答“是”的话，那就表明：你在后退，经历着严重的情绪、身体，还有经济方面的挑战。这是一种“牺牲的周期”。兰迪·盖奇在30岁的时候，失去了一切，那时他就陷入这种“周期”中，后来他才改变了那时的生活状态，变成了一个千万富翁。所以必须马上行动起来，打破和停止你所在的“失败圈子”。在这个过程中，你要将你潜意识中的“限制”思想揭发出来，然后从根本上以积极的想法取代它。

如果你的结果属于最后那三项，那么兰迪·盖奇的致富经验肯定能帮到你。

你可以登陆 www. MyProsperitySecrets. com 这个网站，寻找可以帮你提高IQ成功点的方法。

15. 百万美元的秘密法则

> 从人类思想中挖掘出的金矿要比在地球上任何一处挖出的还要多。
>
> ——拿破仑·希尔

在你为自己设定的目标中，最有意义的一项就是经济独立。拥有足够的钱，你才能享受你想要的自由、快乐、机会，并能尽情地展现自我。几天前，我听到一个励志演讲家谈到他以前都是这样告诉他的听众：人要有“欲望”去达到那些“大”的经济目标，但是后来在世界范围内培训他人的几十年当中，他认识到,“欲望”并不是激励一个人在经济上成功的关键因素，而“严于律己”才是。是不是很值得深思？我赞同这个说法。大多数人是有“期望”的，但几乎没有人能够严格要求克制自己。

但有个好消息，那就是我们正生活在人类历史上最好的世纪中，这是最有利于我们取得成功的时刻。随着新信息和新知识的兴起，技术革新活动的出现，以及越来越激烈的市场竞争，今天你面临的机会越来越多，这可以让你实现经济独立，甚至能变得富有，比以前任何时候都要富有。美国、印度、中国、迪拜这些国家能为你提供更多的途径，让你创造出财富。

就在几十年前，你要想致富，必须拥有土地、劳工、资金、家具、楼房以及其他资源；但是今天，仅仅靠强大而集中的思想力量，你就可以开始创富的成功之路。而且你比那些靠工厂和设备赚钱的人还要更胜一筹。他们拥有的东西很快就会因为技术革新或消费需求而荒废。现在买录像带、VCD、录音带或比尼公仔的人大为减少了吧。

真正的富源

有一对重要定律诠释了获得财富的重要因素。第一条定律——富裕定律说的是我们生活在一个无尽富饶的宇宙中，那里有很多财富，只要你知道如何去得到它们，就可以得到。第二条定律——“吸引定律”是所有定律之母，它说的是“相似的振动互相吸引”。

你思考的能力，还有你吸引新想法和创新的能力，都能反映出你真正的财富。只有你自己的想法，以及你在生活上如何运用它的方式，才会影响到你经济上的改变。

我年轻的时候，只有相当于高中的学历，每天住在我的大众汽车里，拿的是最低的劳工工资，那时我总是想不通为什么有些人就比另外一些人过得好呢？很多人怀有“富人越富，穷人越穷”这样的观念。他们认为成功人士在起步时就已经拥有了很大的优势。大多数人觉得如果不是出生在一个环境好的家庭、没有受到很好的教育，也没有各种各样的致富机会自动敞开怀抱，那么要想真正成功，几乎是没什么希望的。

每个人都是从一无所有起步的。大家一般都会感到震惊，因为事实上在自由市场经济中获得成功的人开始的时候几乎都是一无所有。只有不到1%的美国人或中国人是靠继承家庭财产而走上成功之路的。几乎所有人都是靠自己赚到财富。52岁的比尔·盖茨是美国首富，他在20岁时就离开了哈佛大学的校园，开始创业。中国最富有的人就是李嘉诚，他是从一名擦鞋童变成富翁的。据中国中央电视台第9频道的报道，现在在中国有11000多人的资产超过一百万美元，其中99%都是靠自己的努力而取得成功。有句老话说得很正确,“别人做到的，你也能做到”。

有人经常问我，如果没有钱，怎么可能去改变自己的生活或开始一个新生意呢？我告诉他们，这个世界上如果没有上千个都不需要投资100美元那么多的生意，那起码也有上百个。然而这种生意，需要投入你的智力以及身体，而不仅仅是金融资本。投入你事业或新企业最重要的东西就是你的汗水。这表明你积极勤奋，然而光靠努力还不够，必须还要灵活。我永远都是选择“灵活地工作”而不全靠“玩命地工作”。如果你有那样的“资金”，那么其他需要的东西最终都会通过“吸引定律”来到你身边。

每时每刻都想着它

要想将你想要的东西吸引到你身边，最重要的一点就是将“经济独立”这个目标放在前线。为什么有些人不能达到他们的目标呢？首要原因在于他们没有怎么去“想”这个目标，等到后来顿悟出来却太迟了。

“吸引定律”能将你最经常想到的东西带到你身边。如果你想着要赚多点钱，经济上自主独立，你会不由自主地为自己吸引来越来越多的机会，让你赚更多的钱，留下更多的财富。

保有一定储蓄

大部分美国家庭都没有储蓄或存有一点现金的习惯。70% 的美国工人阶层都不能随意支配自己的收入。这说明，他们将他们赚的一切都花光了，用支票买单，而且还常常刷信用卡，结果最后一点钱都没剩下。如果他们的收入中断了，他们将会陷入绝望中。到时他们付不起房租，赎不回他们的抵押。

没有钱的人，就像很久都没有吃东西的人一样，他们满脑子想的都是食物，别的东西融不进他们的脑子里。同样的，遇到经济苦难的人时时刻刻想着的都是“钱”，他们时时刻刻都在担忧，都是从消极的一面去想，这就注定了他们一辈子“缺钱”。他们几乎没有多余的积极情绪或自我激励的能量去想象心中真正想要的未来。

有了足够的钱，就没有了焦虑

心理学家弗雷德里克·赫兹伯格把金钱称为“洁净因子”。它会激励人们去达到某一点，而到达那点之后，金钱便会退居二线，不再那么重要了。这就是说，你首先口袋得有点钱，才会有安全感。如果你所需的钱比你拥有的还多，那么你就会一直想着“钱”。反之，如果你拥有的钱比你所需的多，你就能轻轻松松的，想一些对你来说更有意义的事情。

有钱人会告诉你钱只是用来“打分”而已。一旦你的经济达到了某个水平，你脑子里不再会是每时每刻想着“钱”了。钱只不过是一种衡量工具，衡量你的生活水平如何。当你拥有足够金钱，你会开始更加关注你的健康、人际关系，还有想着要在工作上做出点改变。你也会抽出更多时间来陪伴你的家人。在某种程度上，金钱不再是你最关心的东西了，而当你意识到这点，你整个人生也随之得到提升。

但是，在达到这样的程度之前，你不会想到其他东西。早上起来，想的都是“钱”；早餐中，你张嘴闭嘴都是“钱”；整天心里都挂着“钱”。正是因为你如此紧张“钱”，影响了你的感情关系，影响了你所有的决定，甚至包括你想吃什么样的午餐都被影响了。这样下去，你会过不下去的。

在美国，很多婚姻失败、家庭争执、离婚等问题的源头都在于“金钱”。很多人产生压力、焦虑，甚至自杀，主要原因之一也是因为愁“金钱”。你认为你和家人都有责任要去做些事情（不论什么事情）以保证收支平衡，达到经济上的独立。一个成人的主要责任就是要建立起自己的资产“堡垒”，适当投资，这样以后就用不着担心“没钱”这个问题了。

每个人都在开始步入致富之路

幸运的是，你身边有很多指引，帮助你通往财富之路。你可以在书上或杂志上读到许多人从贫穷到富有的故事，你也可以从你认识的人口中或其他人口中听到这些人的真实故事。有千千万万的人都是白手起家的，他们成为了最富有的人。你身边有无数的关于如何致富的信息和想法，你完全可以信手拈来。

竞争法则告诉我们，你仿效成功人士，并反复努力，那么你最终会成功。在这个过程中，你会增加更多赚钱的机会。学习其他成功人士，仿效他们，成功的法则就是如此简单。

向成功人士学习

科普·梅耶花了50多年的时间去学习其他成功人士的经验。他读过6000多本成功励志书籍，从中总结出1000条成功法则。他说，这么多项法则中，最重要的一项就是“向专家学习”。

他说，人是没有那么多时间去完成所有事情的。如果你想成功，必须找出现在已经在这方面获得成功的人，然后向他们学习，仿效他们而行事，坚持着，最终有一天，你也会达到成功。

不要浪费一小时，一个星期，一个月，甚至一年的时间为你人生开辟一条新的道路。而是去阅读相关方面的书，听录音，以及参加那些由一无所有到富有的人所开的培训课。向这些人学习，学习和掌握他们成功的秘诀。

白手起家的百万富翁

许多靠自己致富的百万富翁都接受了采访，令人惊奇的是，他们的创业故事几乎都是一样的。他们当中大部分的人开始是没什么钱或者根本一分钱都没有的，当中很多人都是来自蓝领家庭，而且其中很多人都没有完成高中教育。上了大学的一些人，就像比尔·盖茨和保罗·艾伦，或者迈克尔·戴尔一样，后来还退了学。

通常，这些白手起家的百万富翁们还是会继续住在他们结婚时的地方。几乎没有人知道他们身家一百多万美元。他们的邻居也许每个月会比他们赚更多的钱，但是资产很低。靠自己创造财富的百万富翁跟一般的人不同，他们不像一般的人那样看待时间、金钱，还有生活。

致富的秘诀

有一个简单的步骤，你可以跟随着这个步骤而达到成功。这个步骤绝对有用。每个试过的人都会有效果。而且它会让你觉得，所有的资源已经准备好了，只等你去创造辉煌而已。

第一步，要想取得经济上的成功，你必须设立一个目标。认真对待，不要再吊儿郎当了。你是有责任的，任何事情的发生都是因为你。你对你的人生负有100%的责任！

如果你想在10～20年间达到一定值的总资产，那么就把这个目标写下来，要想清楚具体一点。如果你看不到目标，你怎么可能击中它呢？如果你根本连一个目标都没有，那就更别提要击中目标了。

第二步，为你的目标设定一个时间。想好你每个月，每年要赚多少，存多少，投资多少才能达到那个目标。想好应该怎么去做，精确地去评估，你就会沿着每个月的进程而进步。你计划越详细，你就离实现它的机会越近。提升你对“富裕”的认识。参加相关的培训，阅读相关的书籍，不断地拓展你对此的认识。

决心做最好的你自己

一旦你有了一个清晰的目标，计划要存一笔大钱，问一下你自己：“为了赚到足以实现梦想的钱，我应该精通哪一方面的工作呢？”

不管你的答案是什么，其实已经为自己设下了一个目标，就是要掌握赚到那笔钱的能力，而且要达到优秀。你会下定决心，不论费多大的努力，也不管要走多远，你都想成为那种人。要记住，你就是一个更新中的作品，你永远都在学习着。时刻操练 CANI（Constant And Never-ending Improvement）原则——坚持、决不停止进步。

改变你的思想，改变你的人生

要想获得经济上的成功，最难而最重要的一个环节就是你的"内我"必须有所改变。一旦你认为自己是个百万富翁了，你的人生就注定要发生变化。就算因为别的原因而失去了金钱，你也会很快就赚回来。你要培养和"富有"一致的思想，这样才会保证你将来一定会成功。

以百万富翁的方式思考，要求你从"积极地思考"转移到"积极地会意"。你不能停留在希望或者愿望上面，你心里要清楚：你就是一个成功人士，你有那种能力，也有那样的态度。一旦你心里明白你是应该得到成功的，那么你就能得到成功。

在你的人生中，你要从你的经济目标中发展出一个前景。将脑海里那幅场景与你短期的工作目标结合起来，而且要确确实实地走好你现在的每一步，才能赚到你想要的钱。

跌倒了，再爬起来

绝不要沉湎于过去的失败中。很多年来，我都是这样走过来，沉浸在过去的失败中。在过去的日子里，我都是活在怨恨和痛苦之中，直到后来我才明白：最明智的做法就是忘掉过去，宽恕过去。

我遇到很多从古巴、缅甸还有中东地区移民到美国的人，他们在自己的国家曾经是成功的商业人士，但是因为战争、革命以及政府充公没收等原因而变得一无所有。他们身无分文，却怀着满腔热情来到了美国，期望在这片新土地上重新开始他们的事业，创造新的财富。

他们当中很多人开始从事了他们从未涉足过的行业。但是几年后，这些人都在这片新的土地上重新获得了财富。

他们带来最重要的东西，那就是“失败之后再重来”的态度！

10%的魔力

存钱这个习惯，也是一个关键因素，它影响着你是否能达到目标。克拉森的《巴比伦富翁》最好地诠释了储蓄这个习惯的好处。这个故事讲的是，如果你想变得富有，那么第一件事就是要给自己付薪水。

你在每个月的收入中取出一些，然后存起来。你可以只抽取10%，那可是神奇的10%！几乎所有获得经济上成功的人都有这个习惯，就是在每个月的收入中拿出一些存起来，作为长期备用资金。巴比伦富翁的储蓄法则说的是，如果你将你工作收入的10%存起来或者拿来投资，你就会成为百万富翁。

现在，美国人的年收入一般是35000美元。如果将其中的10%存下来，那么每年就存下了3500美元，如果每个月多存300美元，谨慎投资，争取每年赚回12%，如果一直保持这样的习惯，你的存款很快就会超越一百万了。退休的时候，你就是一个富翁了！而且如果你将那笔钱投资在房地产业……比如说购置房产，那时你就非常富有了。

存钱这个习惯会改变你的性格，可以加强自我约束能力。你会克制自己的欲望，同时也更自信。节省一点，而不是挥金如土，久而久之，在人生其他方面，你会更明智，也会更理智。

从现在开始吧

你可能会想，你日常消费那么多，要付那么多账单，根本就不可能还想着要在每个月的薪水里抽出 10% 存下来。但是要记住 W·克莱门特·斯通曾说的一句话："如果你连存钱都做不到的话，那么成功的种子就没有播在你身上。" 你要学会只靠剩下来的 90% 的收入来维持你的生活，一直到你适应这样的生活方式。

其次，你对生活其他方面也会增强责任感。你每一笔花费都会更小心。你不会那么快就下决定买东西，而且不会一下子买进所有东西。你的账单会付清，债务也会减少。

激活"累积定律"

不过将会有一个惊奇的事情发生。你会激活"累积定律"。在你满怀希望和期待存下一笔钱，或者拿来投资，那笔钱周边会产生一个能量磁场，为你吸引来更多钱财。

也许你听过这句话："钱生钱"，它很对。你存在银行的那笔钱会产生一股力量，会为你吸引来更多的钱，也会为你增加收入和储蓄的机会。你的储蓄越多，你就会吸引更多的钱，就像一个磁力很强的磁铁，能将很远距离的金属吸引过来。

你开始会收到小奖金，收入也会得到增加，而这样你又可以为自己的"特别收入"添加一笔钱了。你也会将你车库里或家里的一些东西售卖出去，得到一小笔钱，接着又可以存进银行中。这都是"累积定律"和"吸引定律"在发挥作用。就在你将这笔钱存起来的同时，你将会吸引越来越多的钱到你身边。

只要准备好，机会就会降临

成功法则说，当你做好准备，那么机会会在适当的时候降临于你。

当你在建筑自己的财政“堡垒”时，你会为自己吸引来更多的机会，投资也会让你更快地赚到更多利润。

存钱在银行，控制自己消费的人，与那些没有在银行开任何账户，而且每个月底还要为自己的账单担忧的人的心理是完全不同的。口袋里越有钱，你也就会越积极乐观。你会产生一个强而有力的能量场，将更多类似的人，更多的想法，更多的机会，以及更多的资源吸引到你身边，财富也会增长得更快。

打破帕金森定律

在致富的过程中，有两个威胁需要你特别注意。它们当中任何一个都可以破坏甚至摧毁你达到成功的机会。第一个被称为“帕金森定律”。也就是说，当你的收入提高时，你的消费也会随之提高。因此你必须控制住你的消费，不能挥霍无度，导致入不敷出。

这里教你怎么样去打破“帕金森定律”：不论何时你的收入增加了，要存下多出来的一半，然后可以随意支配剩下的一半。如果你的薪水增加了200美元，那么就存下100美元（或者更多），要花就花剩下的那些钱。要培养这样的习惯，那么财富成功就可以得到保证了。

抛掉一日致富的梦想

第二个能毁坏你发财梦的威胁就是“一夕致富”的想法。想着要轻松地赚到钱，不用预先工作或者付出任何代价。日本有句老谚语说：赚钱就像往沙地里钉别针那么难，而损失金钱就像往沙地里倒水那么容易。

金钱的流失是最容易的。一旦你将你的钱财安置起来，就要运用“投资定律”。这个定律说的是，投资前要进行调查。你花多少时间去赚回这笔钱，那你至少也要花同样的时间去研究，学习如何投资这笔钱。在你还没跟自己赚来的钱要说“bye-bye”前，要下定决心去搞清楚投资行情。

记住，如果你一年就存下了2000美元，而后，你又因为一时鲁莽投资错误，损失了这2000美元，你失去的不仅仅是这笔钱，还有你这一年来辛苦的工作。也就意味着你丢掉了你人生中不可替换的一年。

最后一个关于金钱的定律会为你带来幸运，它就是“守恒定律”。这个定律说的是，你赚多少不重要，重要的是，你存下了多少。

很多人一生赚了很多的钱，但是当他们退休后，却要投靠亲戚和需要社会保障。他们是赚了很多钱，但是他们并没有将它们存下来。

百万美元的秘密法则

有一次，一个朋友在午饭间问了我一个问题：“你在创造你想要的生活时碰到最难的一关是什么？”我想了一会说：“学会不要再想着要如何才能达到你想要的一切。”我的老师鲍勃·斯蒂文森以前总是说：要弄清楚开始时的“自我破坏”是如何来临的。我朋友觉得很疑惑，他又问：“你说的是什么意思？”于是我告诉他“怎样”这个词在开始与我们无关。我们的任务就是搞清楚我们想要的是什么而已。朝着这个目标，想象一个清晰的画面。然后聚焦于它，不要被其他事情分心。如果你想着要“如何”才能拥有那辆新车，或者那栋新房子，或者一段新的感情关系，那么你也就局限了自己，只维持在意识水平那个阶段。将你的目标转移到你的潜意识上面，这里才是与“宇宙无穷智慧的仓库”联系着的，让好的环境资源、事件顺其自然来到你身边，将你和你的目标接合。只需要跟随你内在的激励、直觉、预感，等机会一来，就马上行动，你就会达到成功。

我并不确定我的朋友有没有真正地了解我说的东西。但是几天后，我坐在一辆豪华轿车内，被送去和8个成功富有的人一起吃晚饭。他们一开始都是两手空空，都是靠自己的力量创造出独特非凡的生活。他们开始跟我一样……就像我其中的一个建筑伙伴说的一样："理查德资产很低，但是梦想很高。"

当我坐在这辆豪华轿车内时，我内心的"自我"并不敢相信我就坐在那里。"我怎么会在这里呢？"我还记得当时我心里是这样想的。"我坐在一辆高级的豪华轿车里面，身边都是成功人士，而且还要和另外一些成功人士一起享用美味的晚餐。我那时只是一个默默无闻的小毛孩，在青少年时期就离开家乡加拿大安大略去寻找财富和名誉。我曾经挖过沟渠，开过卡车，在泥土和雨中干活，在酷热的环境下工作……但是我怎么能坐上这辆高级轿车呢？"

我心里一直这样想着，同时我也知道秘诀就是"吸引定律"产生的作用。简而言之，增加你的生意买卖，寻找你的爱人，达到更健康的状态，或者达到你想要的一切，都有个秘密：

1. 要清楚哪些是你不想要的。
2. 清除所有负面或者局限性的信念。
3. 感受你已经在做的，拥有你想要的，成为你想成为的人之后的感觉。
4. 专注于过程，顺其自然。
5. 听从你的直觉，让结果自然显现。

事实是，在这个世界上，要达到任何目标，不要局限于一种方式而已。有些人通过比赛赢得了一辆新车，另外一些人则是努力供着一辆新车，还有一些人则是很爽快就付现金买了一辆新车，有些人只是选择搭公交车。

我在午饭时给我朋友讲的就是这个道理：你不能以你自己的想法去"编排"这个世界。而应将你的目的明确化，然后让宇宙"自我编排"，将你带往目的地。

也就是说，你并不需要“制造”这个结果，你只是参与其中。当你放任你内在的精神，让它去完成大部分的“工程”，成效就会达到最高。

我在那辆豪华轿车，因为我根本就没有想着要坐上它。

我放任，行动，信任，还有接受。

我遵循着那5步法则。

我让“吸引定律”产生作用。

因此，当这辆豪华轿车停下的时候，我就坐上去了。

运用“吸引定律”的六个关键点

在这里，我们再回顾一下“吸引定律”运用过程中的关键点。

1. 你对你人生所有的经历负有百分之百的责任。这并不是说是你人生的所有经历都是因为你而引起的。但是在一定程度上，是你把它们吸引过来的。不管好坏，你对这些是有责任的。所以只需从你的经历中学习、反省、理清思绪，然后选择你想要经历的事情。

2. 你是从周围文化中吸收信念的。如果你正在观看一个关于暴力的电影，或者阅读与之相关的报纸、新闻，那么你的脑海中会充满了类似的振动，也会将更多和你正吸收一样的东西吸引过来。特雷莎修女说过她从不参与反战集会。为什么？因为这些活动聚焦了那股能量，只会引来更多的战争。注意你所吸收的东西，选择你想要吸引的东西。时刻警觉着。

3. 你拥有你无法预知的巨大力量。有了正确的思想，有了合适的行动，你就可以移动一座山。在你的人生中，保持自我和精神平衡，永远要争取让你的“自我”服从“精神”。

4. 改变你的思想，就可以改变你的生活。这个往往会让人觉得不可思议，因为大部分人都会觉得不对。但是你在想些什么是一个重要习惯。开始注意你的脑袋中想的是些什么东西了。如果你不喜欢的话，那么就开始有意识地去改变它。选择新的想法。

5. 你能创造非凡，你拥有能成功的能力。现在大家认为时空都是局限的，这也许是我们现在的理解而已。没有人知道以后会怎样。如果你好奇，想要探索新的东西，别样的东西，那么就开始吧。就为了这目标而努力吧。挑战值得挑战的事情。也许你会开创出前所未有的一条道路。

6. 不管你想象什么，只要注入感情和激情，它就有可能实现。如果你害怕某些东西，或者喜爱某些东西，你其实就注入了一股能量在其中。你所害怕的或者你所喜爱的东西就会被吸引到你生活中来。所以要理智地运用你的激情。

弗朗西斯·拉利摩·华纳在1907年写了《看不见的供给》，下面从这本经典之作中摘录了一段话：

“如果我们要在土地上播种，我们知道会有阳光照耀，雨水充沛，就让生长规律带来成果就行了……同样，你的期望就是种子，有时闭目思索着你的梦想，这其实就是阳光，你持续的，但却具有耐心的期待就是雨水，再加上必需的耕作培养，肯定会带来你想要的结果。”

还有，要记住这点：当属于你的豪华轿车停下时，不管用什么方式，都要坐上去！

16. 听听伟大的思想家说些什么

> 人的主导思想或者态度就是一块磁铁，同质相吸，同频共振。因此，这种思想会将对应的条件环境吸引过来。思想的振动是最美好也是最强大的存在。
>
> ——查尔斯·哈尼尔

本书的这部分摘录了这个世界上最伟大的哲学家、行销专家、励志演讲家、空想家对于“吸引定律”在意识－身体潜能方面作用的观点。“运用吸引定律，你会得到你想要得一切：快乐、健康以及财富。”我们都拥有一股无限的力量。我们都受一个威力无穷的自然力量支配，我们都受同一个规律所指导。宇宙的自然规律是如此精确，以至于我们可以运用这些规律来建造宇宙飞船。我们可以把飞船送上月球，也可以把其着陆时间精确到秒的几分之一。这都是运用“吸引定律”。

你是一枚最强大有力的人际磁石。你拥有这个世界上最强大的磁场和磁力，而这股深不可测的磁力是从你的思想中发出来的。

“吸引定律”说的是同质相吸、同频共振，所以当你在思考时，你会将类似的想法吸引到身边。作为人，我们要做的工作就是持续地思考我们想要的东西。弄清楚我们想要的是什么，在那个时刻我们就开始调用了宇宙中最强的定律，也就是“吸引定律”。你会成为你最想成为的人，你会吸引你最常想的东西。你现在的生活就是你过去思想的返照，包括所有好的事情，以及所有你觉得不是很好的事情。既然你吸引的都是你最常想的东西，那么通过你生活的各方面，就可以很容易得知你的主导思想了，因为那是你已经在经历的生活……一直延续到现在。想着你想要的东西，让你的主导思想将它带到你的现实生活中。这个法则可以用三个简单的词语概括：思想—成为—现实。

大部分人不明白思想是有频率的。思想是可以被测量的。所以如果你一直反复想着一个想法，如果你一直想象着拥有了一部新的小车，获得你需要的钱财，建立起你的公司，找到你的灵魂伴侣……如果你想象着那之后的情形，你就在不停地发出那段频率。

你的思想往外发送那个具有磁力的信号。在你思考时，你的思想被发送到宇宙中，而后，它们会神奇地将同样频率的新的东西吸引回来。

这样去想吧：我们都明白一个广播站、转播塔是通过频率广播的，然后再转化为图像。大部分人并不明白这之间是怎么运作的，但是我们知道每个频道是有一个固定频率的，如果我们调到那个频率的话，我们就可以在电视机上看到图像。我们通过调频来选择频率，然后我们也接收到那个频道的节目。如果我们想要听不同的收音节目，我们就只需要转移频道，调到新的频率而已。

不过，你从你思想中转站接受到的信息不会出现在你客厅里的电视屏幕上，它们就是你脑海的一幅幅图像。你的思想产生了一股频率，它们将同样频率的东西吸引过来，然后它们再以生活图像的方式传回给你。如果你想改变你生命中任何东西，只需改变你的思想，改变其渠道和频率。

很多伟大哲学家、行销专家、励志演讲家、空想家对于“吸引定律”的观点都聚焦在意识—身体潜能方面。看看他们的所思所言吧！

“每个思想都是根据其强烈程度而显现的。最细微的思想也会蠢蠢欲动，根据定律而创造出相应的实物。”（欧内斯特·霍尔姆斯，心智科学创始人）

“‘吸引定律’在我生命中运转得很好。在我还在英国时，还是个青年小伙子时，我就意识到它的作用了，既然我都可以运用这个定律来创造出美好的生活，你也可以。”（罗杰·道森：《优势谈判的奥秘》）

“有一个基本定律，就是同质相吸。负面的思想自然会吸引来负面的结果。反之，如果一个人习惯性地积极思考，那么他积极的思考方式就会启动一股创造力，为他吸引来成功，而不是阻碍他。”（诺曼·文森特·皮尔）

“当你在你的脑海中画下了成功的图画时，你启动了你内在的程序，也就是你的态度，希望，渴望还有激情都被提升到一定程度，响应更有前景的未来。每个拥有渴望的人首先必须要满怀希望地向自己承诺一个更好的人生。”（安德森，美国作家兼演讲者）

“决不要期望你不想要的东西，决不渴望你不期望的东西。当你想着一些你不想要的东西时，你就把不需要的东西给吸引过来了，当你期望一些你并不期待的东西，你其实是驱散了宝贵的精神动力。另一方面，当你一直在期待着你持续的渴望时，你的吸引力就会变得不可控制。思想就是一块磁铁，会将所有跟它规律一样的东西吸引过来。”（雷蒙德·霍利维尔）

“运用成功法则第11条定律‘如果我们不喜欢现在所经历的事情，那么我们所需要做的就是改变我们的意识——然后周围也会随之改变！”（莱斯特·莱文森:《终极自由的钥匙》）

“要记住你想象的图像，感受它，留意它，它反映在宇宙中，然后因为自然法则‘相互作用定律’会将它以精神体或者实体的形式返还于你。”（吉纳维夫·白汉德:《无形的力量》）

“我们在外部世界所看到的行为都是一个人内在世界所想，所感的典型反映。”（查尔斯·布莱迪·帕特森:《吸引定律》）

“一个人是无法预知当他踏进一架电梯，或者撕开一封信，或者接起电话时，会碰上‘幸运’要的什么鬼把戏。每天都是一连串新的探险；也许就在下个转角处就藏着可以改变全局的机会。”（布鲁斯·巴顿）

“所有来到你生命的东西都是你吸引过来的。它们都是根据你脑海中的图像而被吸引过来的。你想些什么最重要。你脑海中翻腾着些什么，都会被吸引到你身边。”

“想象你生活在富裕之中，然后你就会将‘富裕’吸引过来，这个定律永远都起作用，不论何时，也不论对什么人。”

“你不知道如何去做，它会显现在你面前。你会将‘如何’吸引过来的。”（鲍勃·普罗科特，加拿大作家兼培训导师）

“你可以拥有，去做，或成为任何你想要的，我们能拥有我们所选择的任何的东西。而不管这个目标有多大。你想住什么样的房子？你想成为百万富翁吗？您想经营什么事业？您想有更多的成功吗？您到底想要什么？”

“理解吸引定律的最简单方法是你把自己当成一个磁铁。我知道磁铁会吸磁铁。”

“问题就在这里。大部分人想的都是他们不想要的东西，他们也在疑惑为什么这样的想法老是出现。”（约翰·亚萨拉夫，企业家和商业培训导师）

“吸引定律是这个世界上最伟大的秘密。”

“你所想的，所感激的，你都会实现。”（约翰·德马蒂尼博士，脊椎指压治疗者、医生及作家）

“过去，那些知道这个秘密领袖人物们，想把这个秘密保守起来，不与大家分享它的威力。他们不让人们知道这个秘密，人们去工作，做事干活，然后回家。他们没有力量，因为只有少数人知道秘密。”（丹尼斯·威特利，人类意识潜能心理学家兼训练家）

“我已超越了我最大的梦想，达到了富裕，这些都是因为我知道如何去运用‘吸引定律’。”

“自从我学到这个秘密并将它应用于我的生活，我的生活变得像魔术一样不可思议，我想着那种大家都梦想的生活，我也每天都生活在这种生活之中。我居住在价值650万的寓所，我有一个生死与共的爱妻，我到世界各地美丽的景点度假，我登山、探险、狩猎远征。所有发生的这一切，以及将要发生的一切，都是因为我知道如何应用这个秘密。”

“想想这个：一辆车行驶在夜里，车灯只能照亮前面的100～200英尺，但你可以从加利福尼亚一直开到纽约（行驶在夜间），因为你只需要看到前面的200英尺。生活就是这样在我们前面展开。只要我们相信，下一个200英尺还会展现在我们面前，然后又一个200英尺接着也展现……你的生活会一直这样展现下去，她最终会将你带到你的目的地，不管你真正想要的是什么，只因你想要它。”（杰克·坎菲尔德，《心灵鸡汤》合著者，演讲家）

“我已经看到很多人的生命中发生了奇迹。金钱上的奇迹、身体康复上的奇迹、精神治疗上的奇迹，以及感情关系奇迹般的恢复。”

“创造永远都在进行着。每一次当一个人有了一个想法或者持续地在想着某样东西，他们就在创造的过程中。最后这些想法会转化为某些东西。”

“你脑海中一直想着的主导想法会将这一切吸引到你身边，不管你有没有意识到。”

“通常，当人们刚开始了解这个秘密时，他们都会很害怕，因为他们拥有太多的负面想法。但现在科学已经证明，正面的想法要比负面想法的力量强过上千倍。因此，这个事实可以消除你不少忧虑。”

“你可以现在就感觉‘健康’，你可以现在就开始感觉‘富有’，你可以现在就感觉那围绕着你的‘爱’。即使它们并不真的存在。那么将会发生的事情就是：宇宙会对你心灵之歌的本质做出回应，宇宙会响应你内在感觉的本质，并将它变现成为现实，因为那就是你感觉到的情形。”“这个道理可能难以让你理解，可是一旦我们向它敞开自己（相信它），其结果是令人敬畏的。它意味着，不管你的思想已经在你的生活中造成什么影响，都可以通过改变你的意识而改写。”

“这是一个充满感觉的宇宙。如果你只是聪明地选择了相信某样东西，但是却没有与之对应的感觉，你根本不需要多大的力量去实现你想要的东西。”

“你开始时可以什么都没有，一无所有，也不知道如何去做，但是方法会自然显现的。”（迈克尔·贝克维斯，爱心国际精神中心的创始人）

“思想的振动是最美好的也是最强而有力的存在。”

“思想混合热爱之心产生了‘吸引定律’无法抵抗的力量。”

“这个法则赐予了这个思想积极的力量，将它和实体联系起来，然后征服人生所有的反面经历，这个法则就是‘吸引定律’，它也有一个别名就是‘爱’。任何事物之间都永恒地存在着这个最基本的规律，在每种哲学，每个宗教，还有每个科学中。没有东西是脱离‘爱的定律’的。是你的感觉为你的思想注入了生命力。感觉就是渴望，渴望就是热爱。孕育着的想法结合了深沉的热爱，将会变得坚不可摧。”（查尔斯·哈奈尔）

“‘吸引定律’才不管你认为某件事物是好还是坏，也不管你是想要还是不想要它，它只是回应你的想法。因此，假设你坐在那里，看着堆积如山的债务，并且感到心情很糟糕，你就会把这些信号发射到宇宙中。”

“我这么多的债务，真是烦恼死了。你这样想只能是不断地向你自己强调这种糟糕的状况，这种感觉充满了你的整个身心，结果你会得到更多的烦恼。”

“我们大多数人只是在用‘默认方式’吸引自己的生活。我们认为我们没有控制世界的能力，我们的思想处于‘自动驾驶’模式，我们的感觉也处在‘自动驾驶’模式，因此一切事情也就以默认的方式来到我们面前。”

“你所得到的结果，是你所‘感觉的’东西，而不完全是你所‘想’的东西。”

“正是这个原因，当人们起床的时候，撞到了脚趾，他们就可能引起连锁反应（坏运气越来越多），一整天都变成那样。他们根本不知道，他们情感的一个小小变化，会改变他们一整天的状况和生活。”

“如果你一天开始的时候情绪很好，你处在一种幸福的感觉之中，只要你别让任何事情破坏你的这种情绪，那么根据‘吸引定律’，你将会吸引更多的（类似的）环境，情形和人们，来延续你那种幸福的感觉。”（鲍勃·道尔，作家兼演讲家）

“我并不是从所谓的‘满怀希望的思考’这个角度来讨论问题，或者所谓的‘疯狂的想象力’。我要告诉你的是，当站在一个更深层的基础上看问题时所看到的层面。量子物理学已经做出了这个发现，它告诉我们，我们不可能拥有这样可以独立于我们的意识之外的宇宙。实际上，意识构造了那些被预感的一切。”（弗雷德·艾伦·沃尔夫，量子物理学家、演讲家、作家）

“你需要注意你的思想，仔细的选择你的思想并且从中获得乐趣。因为你就是你自己生活的作品，你是你自己生活的‘米开朗基罗’。你所雕塑的‘大卫’就是你自己。”

“你现在生活中的一切，包括那些你所抱怨的事情，都是由你自己吸引来的。嗯，我知道，起初听起来，这个说法你可能不太喜欢听，你可能会立即说：‘我可没有吸引过那次车祸，我也没有吸引过这个恼人的客户，我更没有专门的去吸引债务。’可是，请原谅我的冒犯，我要告诉你：‘是的，是你吸引了它们。’这是最难以理解的概念之一。但是如果你接受了这个现实，它将会使你的生活发生革命性的变化。”

“如果你是第一次听说这个道理，你可能会有这样的感觉：噢，我还要监控我的思想？这可需要大量的工作。刚开始的时候是有点危言耸听，不过乐趣也从此开始了。”

“这很有意思，这就好像是将宇宙作为你的目录单，你翻着这个目录，同时下单：‘啊，我想要这种体验’，‘我想要这个产品’，‘我想要这样的人’，就像是你向宇宙下订单，就这么容易。”

“宇宙喜欢快速。不要迟疑，不要再次猜测，不要怀疑，当机会就在那里，当冲动就在那里，当内在的直接触动就在那里——行动！这才是你的工作。这就是你所要做的全部工作。”（乔·维托，网络行销大师）

“生活的同时，你也在创造自己的宇宙。”（温斯顿·丘吉尔）

“想象你想要的东西已经属于你了。心里清楚它们会在你需要之时来到你身边。就顺其自然吧，不要为它们而烦恼和焦虑。不要想着你还缺乏它们。想着它们已经是你的了，已经属于你了，已经划入你名下了。”

“你能拥有你想要的一切，如果你知道如何运用你的思乡去塑造这个模型。没有不能实现的梦想，如果你学会运用那股‘创造力’，让它在你身上产生作用。获得能量的钥匙就是要运用你所有的一切，自由地、完全地敞开自己，让更多的‘创造力’贯穿于你。”（罗伯特·科利尔）

“无论你祈祷要求什么，你都会得到它。”

“无论你期望得到什么，当你祈祷时，相信自己会得到它们，那么你就会得到。”

“要求，然后你会得到；寻找，然后你会找到；敲门，然后门会为你打开。”（《圣经》）

“怀着信念踏出第一步。你不需要看到所有的阶梯。只需迈出第一步。”（马丁·路德·金）

17. 源自亚伯拉罕的智慧

> 宇宙并不会听到你的言语。你是用“渴望”发出要求的……那是在生活的差异性中产生的渴望。就是那股渴望、那种需要……召唤来生命的动力。
>
> ——《亚伯拉罕的教诲》

上面这段引言就是亚伯拉罕·希克斯的基本讯息，从1986年杰瑞和爱斯特·希克斯就开始提炼亚伯拉罕思想的精华，宣传亚伯拉罕的精神：你就是一个非物质存在的物质扩展。

世间万物或神明，尚未完形，等待着你的参与。你是思想之翼的前缘，来此为寻求更多：更多令你感觉美好的，更多新鲜的、令人荣耀和振奋的事物（本质上是你将天堂带到地球）。

你作为肉身在此是因为你选择了如此。你想要在时空之中体验美妙的对照，满怀期望来到这里，与其他寻求喜悦的人共同创造，并协调深远的思想（做什么、何时、何地、和谁，这些也是你的选择）。

你人生的基石就是自由，而你人生的目标就是欢愉。你可以自由选择发现你的喜悦的新途径。在你的喜悦中，你会成长；在你的成长中，你会促进万物的成长（但你也有自由选择束缚或痛苦……任何人所选择的一切都只是因为他们相信这会让他们感觉更好）。

你就是一个创造者，你用你的每一个思想创造。你常常通过预设来创造，因为你正在得到你所关注的、你想要或不想要的事物，但你凭感觉知道，你正在获得和创造的是否就是你想要的，或者它并非是你想要的（你专注于哪里呢）。

你可以成为你想成为的人，做你想做的事情，或拥有你所能想象到的任何东西。当你问自己为何想要它时，你的愿望的要素就被激活，宇宙就开始将它带给你。你的积极情感越强烈，它就会越快地来到你面前（建造一座城堡和做一粒纽扣一样容易）。

你选择你的思想时，就是在选择你的创造。你的爱和内在存在以情绪的形式指导你。抱持一种“想要”的或“不想要”的思想，你就会感到一种“想要”的或“不想要”的情绪。选择改变这种思想，你就改变了这种情绪和创造（每天作出更多的选择）。

宇宙珍爱你，因为它知道你最远大的目标。你怀着伟大的意向来到世界上，在你选择的道路上，宇宙不断指导你。当你感觉良好，就是在以更宽广的视野去获得更多（你是灵魂的化身）。

在自然的安宁之中放松。一切安好。你所感激的一切在不断流进你的现实生活。当你发现更多要感激的事物，你的感激状态就打开了更多通道，为你带来更多值得感激的东西（当你在思考，你就在振动。当你振动，你发出了吸引力磁场）。

你是开创你独特的欢愉之路的唯一之人。没有人能限制你将自己的思想引导到哪里。你愉快的生命之旅也是没有任何局限性的。在你追寻快乐的旅途中，你会找到任何你想要的东西，也会成为你想要成为的人（允许别人的经历，也允许自己的经历）。

需要采取的行动和需要交换的金钱是你专注于喜悦的副产品。在你有意的充满喜悦的旅程上，你会得到灵感，你也会得到丰富的资源。凭你的感觉，你知道你正在履行你生命的意义（大多数人是倒过来的，因此大多数人在他们的行动或占有中很少感觉到喜悦）。

你不会死去，你是永恒的生命。在荣耀中，你可以选择放松，并让自己柔和地转向纯粹、积极能量的非物质状态。你的自然状态就是永恒的状态（享受这一切。放轻松，你不会做错）。

为了让你拥有神奇、快乐、丰富的生命体验，你甚至不需另一个人来帮你理解宇宙法则或我们在此提供的方法，因为你就是你的体验的吸引者。

亚伯拉罕是什么人

那么亚伯拉罕是什么呢？亚伯拉罕是一种呈现于一切物质事物之中的非物质能量。亚伯拉罕并不是像你所想的一样是一个单独的意识个体。相反，亚伯拉罕是一个集中的意识体，就是一股意识流动体。当你提出问题时，就会有很多很多的“意识点”汇聚而成一股流，形成最终的信息（这时，一个叫爱斯特的人通过她的话语和声音传达出这些信息)。所以看起来，亚伯拉罕好像就是一个人而已。我们都是多维的，因此我们也是由各种意识所汇聚而成的。

人类根据当时的感觉找到了“标签”，试图去描述他们与非肉身物质的交互作用。我们就是源头能量，就是一个集中的意识体，就是一股“流”，是所有灵魂之音（不管你怎么称呼它们）的共振。我们就是某些人口中的“天使”，我们是某些人心中的“上帝”，我们就是某些人所说的“内我”。但是最重要的一点是（我们又将使用我们最爱的词之一)，我们是集中的意识体，特别是对我们刻意请求的振动做出回应。

所欲与所得

吸引定律说的是,“同质相吸，同频共振”。这表明所有的振动都是互相匹配的。所以，当你在差异对比中获得了新的想法，不管它是强烈的或是微弱的，都会按照一定的比例发出召唤。而且当它召唤时，总会得到回应。这就是我们宇宙的基础:“向它要求，它总会给予。”人类有时感到迷惑，认为他们是通过语言或者行动来向宇宙发出要求的。但是宇宙不是回应你的语言或者你的行动。宇宙回应的是你发出的振动。

当你开始理解吸引定律，明白“同质相吸，同频共振”这个道理，那么你就更容易明白这个事实：你在发送信号，然后整个宇宙回应这个信号。当人们搞明白了这一切，就会开始故意地控制自己发送出去的“信号”，然而这些“信号”并没有在他们的生活中实现。没有任何事情的发生是偶然的。你在过去或者很久之前所发出的振动不会等到现在这个时刻才实现。你的出身并不重要，重要的是你现在的状况，就在这一时刻，在这个鲜红的、炽热的时刻发送出去的振动。

宇宙间到处都充满了“吸引定律”的魔力，当它向你说:“提出要求，然后你就会得到。”没有什么能比这句话有更强的力量让梦想成为现实。现在，你怎样去提出你的要求呢？用言语吗？宇宙并不会听到你的话。你必须以“期望”去要求，从经历差异性中产生的期望召唤生命的动力。

想想这个浩瀚的宇宙，在那里，一切都是可能的。“吸引定律”拥有组织编排的能力。放任“吸引定律”，让它自己去安排掌控，那么你就可以利用时间去做你喜欢的事情了。

1. 衰　老

大多数的人从过去的经验中“设定好”要去经历身体的衰老。当某些东西是他们不想要的，他们就会设定好不去体验这个过程。因此，他们也是在实现他们“期望”的事情。不过，这并不是他们心中所想的东西，而是所有人都是这样生活着，这是一个现实，但是每一个人都是依赖他们“期望”的现实而生活的。

2. 放任的艺术

我们来操练一下“放任的艺术”吧。这个原则说的是你要抓住让你感觉最好的想法，而不是所谓“真实的想法”，不是就事论事的想法。就事论事的想法只是让你停留在某一点:“该死，我就是应该如此做，我就应该按这样去做，每个人都要我按规则办事。”如果你喜欢这样做的话，那么就选择如此吧；但是如果你不喜欢的话，就不要这样做，按你自己想要的方式去做。如果你按你的想法去做，足够坚持，你会觉得事情开始往你所想的方向改变，当你感受到如此，最后的结果会跟你所想的一样。

绝对的“安宁”是宇宙的根本。“安宁”也是万物的基础。它贯穿于你体内。你只能放任它。就像你呼吸着的空气，你只能敞开，放松，然后将它吸入体内。

3. 信　念

从物质体的观点出发，大部分人都相信自己的信念是正确的，如果你和某人意见不合，那么你认为都是他们错了。但是如果从非物质体的立场来看，是没有所谓的“对”与“错”的，信念的分歧被看成多样的，刺激着多元的想法。非物质体认为，人类是在享受这种多样性的。但是很多人都不相信自己的自然状态是倾向好的方面的。

你选择哪条道路并不重要，而是你坚信的那条路合适与否才是重要的。没有任何东西能摧毁你，除非你的信念走错了路。

4. 竞　争

没有任何竞争存在。每个观点都很重要，每个请求都会被批准。宇宙有无穷无尽的资源，可以满足这些请求，而且对于涌流而来无尽头的问题都有无尽的答案。因此，竞争是不存在的。所有生存在这个星球上的物质体都是你的合作伙伴，如果你接受这个事实，欣赏期望和信念的多样性，那么你就会体验到更广阔、更满足、更有成就的经历。

对于每个人的想法和经历，都有足够的空间。从你精神上——非物质体的立场来看，你会了解，在这浩瀚的宇宙中，是有足够的空间容下所有的思想和经历的。你可以掌握自己的人生经历和自己的创造物，但是你并不能控制别人。每个生存在这个地球上的人都是你的合作伙伴，如果你接受了这个事实，感激这些多样性，那么你就会过得更充实、更满足，视野也就越广阔，也会更有成就感。

5. 抱怨、求证、责备、报复、愤怒和内疚

抱怨，只会阻碍你得到想要的东西。求证任何东西，只会让你停留在某一点，拒绝所有你想要的东西的到来。责备别人，只会将你想要的东西拒之门外。怀有内疚感、愤怒，不管你怎么称呼它们，它们都是一种“推

拒”，而不是理智的行为。因此，注意你含有报复倾向的言辞。

你的情绪就是你振动的指示器，表明你现在聚焦的期望和其他的信念或者想法之间的比率。当你感觉不好，对某些事情很生气，或者害怕某些东西……你怎么命名它们都没有关系，但是它们都是表明你心中的期望在这个时刻是跟其他想法互相抵触的。你的情绪永远都是表明你和自己期望之间的关系，与其他任何东西无关。

6. 梦想和目标

你认为目标就是要到达目的地，而我们认为目标就是要到达目的地的过程；目标就是伴随着你朝向目的地途中的乐趣。你是谱写你人生之章的“振动”作家，而且宇宙中其他人则扮演着你分配给他们的角色。

一个梦想就是一个显现。那些拥有远大理想的人，在成功的喜悦中颤抖，他们经常会告诉你：“在我很小的时候，我就梦想着这一切了。我想象着它，我设想着它已经成为现实，我曾经把发刷当成麦克风来训练自己。”“纯真”就是能量的“队友”。不要在意其他人的看法。你自己的想法才是最重要的。

生活中最主要的事并不是“显现”（目标的实现），最主要的事是你每时每刻的感觉，这才是生活的原本面目。没有你不可能做到的事，没有你不可能成为的人，也没有你不可能拥有的东西。你，拥有一个庞大的非物质团体时刻准备着帮助你，而且你也准备好了。建造一个城堡和做一粒纽扣一样容易。关键在于你是聚焦在城堡上还是纽扣上。

7. 情　绪

每种环境的中心都有一个“模子”。这个小小的“模子”（好比车轮的中轴）的细微振动都能在外围产生巨大的影响。因此，给情绪上一点小小“拧动”，就会很大地改变梦想实现的方式。

根据感觉调整你的思想，而不是根据结果去调整。开始时，你的体内会流窜着一小股能量，然后你就开始为结果打分了。这时的问题就是，当这股能量在你体内流动时，宇宙会很快发出回应，但是一旦你对结果打分时，你也就退回到原本的状态了。

8. 思想的扩展

你不能说:“让我们进入这个真正实在的体验中，摄取所有的想法，然后挑选出少数我们一致通过的好的想法。”而你应该这样说:“让我们去摄取这些想法，然后将它们扩展开来吧。让对比更明显，欲望也会更多，也会有更多的能量的径流。”

9. 面对现实

永远都不要去面对现实，除非你的现实生活已经是你想要的。发送跟你期望频率匹配的振动，而不是发送和现状振动一样的振动。

10. 恐　惧

当你不知道你拥有掌控思想的能力时，当你不知道宇宙会对你的想法回应时，恐惧才会出现。

11. 感觉良好、快乐、体验愉快

我们要求你去训练的这个法则，就是要求你下一个决定，认为没有任何事情比让你自己感觉良好更重要，而接着你就要挖掘能让你感觉更好的想法。你的梦想漂流瓶才是唯一值得你去遵循的东西。如果你有一个目标，它让你感觉良好，你就不再需要听任何建议了。你会在实现你人生目标的路途上活得成功快乐。

如果你不够自私到让自己感觉良好，那么你就不能与那股让你总是感觉良好的能量联结在一起。要想知道某件事是否值得你去做，唯一的方法就是感受“接受”这件事的感觉。所有人想要“什么”的理由都是建立在这个“东西”能让他们感觉良好的基础上的。当你阐明你想要的东西，而不是大声叫嚣着关于你不想要的东西，你就会得到自己的力量。当你得到这股力量，你就会感觉更好。当你感觉更好时，那些爱你的人也会感觉更好。

当你不断地在“提炼”关于“你想要的东西”的想法时，愉快因子也会持续地保留在你身边，因此，这就是为什么要将其他人的想法“拒之门外”的原因。他们有他们要进行的“游戏”；他们不明白你的“游戏”。不要再纠问他们是怎么想的，开始将注意力放在你的感觉上。很快你就会得到“愉快”，而且你曾经想过让你开心的所有东西都开始“流动”，顺畅而来，似乎不费丝毫之力就来到你生活中。

让自己快乐就是你能做出的最大贡献。在你追寻快乐的途中，你启动了一股旋风，它将“健康安宁”的通道带往你身边。而且这股“旋流”也会将你当下所关注的东西和利益带到你身边。

你做的任何事情都是为了快乐。所以，当你看不透某件事时，就表示它已经不再为你带来期待的快乐了。当然，如果你能预见某事并能跟它达到一致和谐，那是最好不过了。如果你和它是和谐一致的，那么在开始行动之前想着它，你都会觉得快乐；而且当你开始后，你会很开心；在持续坚持的过程中，你会更兴奋；在你行动的同时，你会有成就感；而当你实现它之后，你会有满足感。而且在整个过程中，你都是与之和谐一致的。

尽量要使自己快乐——这是一切的前提。即使你没有任何让自己开心的理由，那么就为自己想一个吧。幻想着“快乐”。下定决心无论如何你都要快乐——不管是什么样的理由。“不管怎样，我就是要开心！如果我必须忽略每个人；如果我不能再看电视；如果我必须再次拿起报纸，我都要过得开心。如果我不用再看到那个人，我就会很开心。如果我必须见那个人，我会在那个人的脸上找出令我开心的东西。我要开心，我要快乐，我要愉快！”

聚焦和关注

决定什么是你想要的东西，然后就将你的注意力投入其中，感受那种感觉；而且，你很快就会体验到那种感觉了。没有任何理由让你去经受痛苦挣扎而辟出自己的路。不管你对什么投入了注意力，它都有自己的振动，当你关注它的时候，你就将它的振动吸纳到你的振动之中……接着你的“吸引力”就受到开启而产生作用。当你说“是”的时候，你就将你想要的东西吸纳到你生活中。但是当你说“不”时，你吸纳到生活中的就是你不想要的东西。

当你生命中的对比差异减弱时，你下决定的能力就下降了；当你下决心的能力下降时，你集中精神的能力也减退了；当你集中精神的能力减退时，你生存的理由也渐渐暗淡了。你总是会得到与你当下最关注的东西频率最匹配的振动，但是你必须要好好利用它。如果你想提升自我，那么你就要稍微改变一下现在的振动就要转变思想。

你并不一定要达到很高的振动，因为它是你天生的。但是你必须要停止那些引导你产生低频振动的思想。不要再将你的注意力放在那些阻碍你和真正的自我和谐振动的事情上。

所有的“现实”都必须要受到关注才能得以实现。

1. 天　赋

天赋，其实就是对某样具体的东西的关注，是“吸引定律”让它产生，因此，只要你在一段时间内都关注某样东西的话，你的理解力将会得以提升。

2. 习　惯

旧的习惯无需戒除，只要用一个在振动上与你是谁、你需要什么样和谐一致的新习惯来代替就可以了。

3. 你如何要求

期望和信念只不过是想法而已。“要求，然后得到。”你通过需要而要求，你通过期望而要求。你可以称它为“期望”，实际上那就是“要求”。你不需要用语言去要求，你只需要亲身感受它。感受那个期望擦出的火花。“我渴望这个，我要这个，我喜欢这个，我信奉这个，我感激这个，我……”那种渴望就是所有吸引力的开始，那种渴望将“无”化为永恒。

吸引定律是如何产生功效的

当你感知到某事，你就产生了一个想法，而且你想的都是这个想法。既然它已经存在了，既然它已经被召唤过来，既然它已经被聚焦，那么它会发出振动。因为“吸引定律”的作用，其他类似振动频率的思想也会向它靠拢。因此它迅速得以扩展。

你的工作并不是要让事情发生。你的工作是要去想象这件事然后让它自然发生。“吸引定律”会让它发生。你带着愉快去创造某事，然后你要继续保持与它振动一致，宇宙自然会有实现它的方式。这就是“吸引定律”的承诺。

不管你用什么理由，都要保证能够和你想要的东西振动一致。当你这样做的同时，那些振动匹配的东西都会大量地涌进你的生活中。并不是因为你应该得到它，也并不是因为它是你挣来的，而是因为它就是“吸引定律”产生的自然结果。同频共振，同质相吸。

同时成为自己生活中的幻想家和行动家可能吗？不仅仅是可能而已，大部分人都想要这样。这是最好的结果。在对比中找到一个梦想，将注意力投注在这个梦想之上，让它在壮大的同时带给你欢乐，然后以“行动”协助“吸引定律”，看着“吸引定律”将它在你生活中实现，有什么能比这样更令人欢喜呢？有比这样更好的结果吗？如果你进入了这些物质性身体中，你也许不会这样想。你会说:“这是一世当中最好的创造时机。”

所有充满活力的想法都表示，当我在想这个想法时，我会有种相应的感觉。如果你对某个想法没有对应的感觉，一种良好的感觉或一种糟糕的感觉，那么只能说明这个想法不够强大，很可能它不是你振动机制中的一个重要的“祈祷”。

1. 疾　病

任何身体上的疾病潜伏期都比恢复期长很多。你身体的每个细胞都和

“创造性的生命力”有直接联系，而且每个细胞都会独立地发出回应。当你感到快乐，体内所有的“电路”都接通了,“创造性的生命力”就能完全被接收。当你怀有内疚感、责备感、恐惧感，或愤怒感，那么“电路”就会闭塞,“创造性的生命力”就不能顺畅地流通。身体的感受就是要监测那些“电路”，让它们时刻保持接通状态。细胞知道应该怎样做。它们在召唤那股能量。

找一些让你感觉良好的东西，从中获得快乐，让细胞去接收它们一直要求的东西。那就是“治愈”的关键。任何身体上的疾病潜伏期都比恢复期长很多。

身体的新陈代谢就是你现在状态的即时振动回应。新陈代谢是能量流进你体内的方式。所以，一切都是根据你的感觉回应的。万物皆是。万物是凌驾于物质之上的意识。所有的疾病首先都是精神上的。一切都关乎思想，一切都关乎振动，一切都关乎你的感觉。练习感觉良好这个“桥段”。不要去在意现实，现实只不过是你不断重复的短暂时刻而已。

但是你必须下定决心要去想一些让你感觉良好的想法。因此，在这里，我们要冒险地宣布：任何疾病在几天内都能得到治愈，如果有任何疾病让你烦恼，而且一种不同的振动掌握了“支配”地位——那么“治愈”的时间就要看其中的混乱状态了。

你颠倒一个想法时也就颠倒了周围环境。没有你不能改变的环境，只要你改变想法。但是，选择不同的想法要求聚焦和耐心。如果你继续将注意力集中在你已经成为的人，想的都是你现在的状态，相信你现在的样子，那么你的生活中是不会有任何东西改变的。

想一下人类的身体开始之初是一个小点，然后慢慢就有了鼻子、肝脏和胃……所有的器官都存在于此，它们知道如何成为一个个体。人类的身体蕴含着如此丰富的奥妙。你期望将人体所有的奥妙都释放出来，摆脱阻碍。最好的医治方法就是:“我看到你的身体病了，你有什么烦心事吗？你在焦虑什么？你为什么生气？你为什么沮丧？”因为这些都是根源。然后说:“算了吧，不要计较，看开点”。这就是重要的“讯息”，如果它们听到了你的声音，感受到你的行为，那么它们就会马上康复。

让自己身体健康是很自然的事情。你不必为此去想一个积极的具体想法，但是你不能有一个消极的具体想法。如果你能不再想着你的身体，而是仅仅想一些快乐的事情，那么你的身体也会恢复到健康的状态。

2. 想　象

想象你要的东西，而不仅仅观望它，这种能力让你有所超越。你是一个物质个体，但是远远不止如此。不管你想象的是什么，宇宙都能够传送给你。如果你能够想象你的目标，或者一直回想着它，宇宙是有能力和足够的资源将它完全传送到你手里。就好像一个设备和材料齐全的厨房，你可以任意采用任何需要的材料。

你能够主导你自己的思想。你可以选择留心注意万物的本来面目，或者选择根据你的意愿想象着它们——不管做出哪种选择，你的思想会产生与你当时的吸引力一致的振动，然后为了要和你所发出的振动相匹配，所有的环境和事件都会被“编排组织”。

小孩记得如何去运用他们的想象力。他们依然在运用他们的想象力，那是唯一使他们这么兴奋的理由。你的手中紧紧地拽着“行动”，但是对“想象”却抓得不那么紧。一切都是源于想象，一切都是。

你的想象力会帮助你更快地踏入合理的下一步。疯狂地去想象吧。你不必去“修筑”小事或者大一点的事。你可以通过你的想象而完成它。我们并不是在谈论下一步的合理行为。运用你的想象力，直到你的大梦想变得如此熟悉，那么“合理的下一步”就是这个梦想的显现。

宇宙并不知道，也不在乎究竟你发出的振动有没有和你现在的生活相匹配，宇宙留心的以及回应的是你正想象的东西。不管怎样，宇宙接受了它，当作你的“吸引点数”，然后再去匹配它。

3. 不公平

在这个时空中或者任何地方都不曾有“不公平”。“吸引定律”并不提倡“不公平”。“吸引定律”只会扩大你内在的振动。

4. 灵感与动机

灵感源自“内我”。它是你关乎你内心正在燃烧着那团火，它与动机是对立的。“动机”是你去催促自己要去做某样事情，它只会产生负面的回应。“动机”就是要催促自己去做一些自己不是很想做的事情。而“灵感”对于我自己想要什么很清楚。

5. 目　的

今天，不管我要去哪里，不管我正在做什么，都是我们内在的目的，想要实现我内心想要的结果。

6. 学　习

言语根本不会教到你任何东西。是生活经历让你获得知识。但是当你听到跟你所积累的经验振动一致的话语，你就会更容易将它们都“挑选”出来。

7. 尽最大努力做到最好

使自己恢复信心的关键就是要马上下一个决定，就是不管感觉多么好或者多么差，你都要尽自己最大的努力去做到最好。反复地重复这个做法，很快你的感觉也会非常良好。尽力做好自己，尽最大的努力将能量和自己结合，因为只要一点点的挣扎感，或者一点点的愧疚感，不但会阻碍你的漂流瓶顺畅流动；而且会阻碍你和促进提升的能量结合。

细微的进步也是非常宝贵的。你能够有意去提升一下自己情绪的意义非常重大，因为就算是个细微的改变，你也许就重新获得了控制力。你不会再感到“无能为力”。因此，现在要提高你的“情感刻度”不仅仅只是“可能”而已，而是非常容易的事情。

爱情与婚姻

我们要结婚吗？是的。我们要离婚吗？是的。我们要一夫一妻制吗？是的。大家都有不同的满足自己欲望的方式，要么是合适的方式，要么就是不合适的。只有你自己，才知道此刻它是否合适你。

恋爱对我们都有好处。通常，当人们坠入爱河，曾经困扰他们很久的事情似乎消失了，生活变得晴朗起来。他们的注意力也会投在美好的事物上，也就是说，他们保持在一个良好的振动水平上，所以他们一直想要的东西都会“放大”。

爱你身边所有人，不管你们是亲密的朋友或者只是间接联系的熟人而已。一切都是“吸引定律”的安排。是你的振动让它运作的。所有影响你的事情都是你发出振动的反射。花多点时间在你的梦想上而不是现实上。现实产生了梦想，而这个梦想才是值得你关注的东西。

金　钱

创造非常明显的、积极丰裕的资金流会如何，花钱会如何，给更多的人工作会如何，给更多的人机会会如何，你花的越多，越多的人就会得益，越多的人就参与进游戏并与你互动。你的角色就是要利用能量。这就是你为什么存在的原因。你是一个能量流动的存在，一个聚焦装置，一个感知者。你是一个创造者。你生活在生活的巨大差异中，渴望从中产生，但能量却被阻碍而不能“流进”你的渴望中，整个宇宙中没有任何比这个更糟糕的状况。那样就是对生命的浪费。

金钱并不是快乐的根，但是它也不是罪恶的根。金钱是人类怎么去组织能量的结果。如果你不想要金钱，就不要去吸引金钱。但是我们要告诉你，你批评其他富有的人，只会阻碍你得到想要的东西，比如健康的身体，清晰的头脑和平静的生活，这些最终也不会来到你身边。

如果当你想到某样东西会非常不舒服，那么就表明你对它有股很强的渴望；表明它真的非常重要。因此你的工作就是要换种方式想着它，而且要感觉良好。但是你也可以去想其他任何事情，只要感觉良好就行了，那么金钱就会自然到来。你不必要为了得到金钱而去想着它。你不能整天想着“没钱没钱”，却期待天上掉馅饼。

只有你的经济状况不断进步，你才可能提供帮助。如果你想要帮助别人，就尽可能敞开自己，接收更多。

乐观与积极的期望

乐观之中存在魔力，悲观之中什么也没有。在积极的期待之中，有着激动人心和成功。在悲观或没有愿望的世界，什么也没有。你所想要做的就是重新定义你和能量流的关系。我们不是要你指鹿为马；我们不是要你看着不是你想要的事物而假装它是你想要的。我们要你做的是，练习转移你的视线，练习改变你的视角，练习和不同的人说话，练习去新的地方，练习过滤资讯以找到你想要的感觉，并运用这些事物让你有熟识的感觉。换句话说，我们想要你在你的喜悦之中感到熟识。熟识你积极的期望，熟识你对一切安好的认知，因为一旦你找到它，宇宙就会尽其所能给你一切安好的证明。

父母和孩子

父母常常认为他们在这里是为了引导小孩。但是事实是，纯真的孩子们来到这个世界是为了引导父母。

父母无法替他们的孩子选择伴侣或行为举止。如果不减弱他们的力量，你实际上无法替你的孩子作任何选择。如果你不是以自己的例子来引导孩子们，那么就会陷入“控制”的状态。如果你是这样说：“我发现这样对我来说很有效果，如果你感兴趣的话，不妨试一下。”这才是“引导”。如果你这样说：“我觉得这个对我很有效果，如果你不按照这样去做，你会陷入麻烦之中的。”这就是“控制”了。

现在的孩子们比你更能处理汹涌而来的信息。他们带着目的出现在这个需要更多期盼的世界上。因此，所谓的不同代人之间的“代沟”是永远存在的。所有新生的一代，他们的出生建立在你为他们铺好的新平台的基础上。有些父母的想法阻碍了孩子的发展，他们认为：“我是父母。我先来到这个世界的。我知道的比你多”。但是从孩子的角度来看：“你是父母。你先来到这个世界。你为我提供了一个跳板，我从上面一跃而起，而且这一跃将我带到你从未去过的地方”。

但是，那些天真的小婴儿呢？你的小宝贝也正在发送跟宇宙匹配的振动。而且，你的宝宝也会被周围的人的振动所影响。然而，实际上宝宝们是在自己创造自己的现实。早在降生到这个世界上之前，他们已经设定了他们现在正在享受的生活经历，比如选择了你当父亲或母亲。

全球和平与和谐

你与地球上每个人之间的“和谐点”要比“不和谐点”多，因为这个世界上和你灵魂核心和谐一致的人比你想象中的还要多。你和你的源头能量联系越紧密，那么你和别人之间的关系也会越和睦。当你想到其他人，以及他们对你的看法时，你知不知道其实他们对你的看法根本与你现在的状态无关。其实他们对你的看法主要是与他们长期培养起来的思维习惯有关。这个更关乎他们自身的想法，而与作为他们想象目标的你是无关的。如果让自己感觉良好是你生命中最重要的事，你可以幻想着你生命中的某个人，那么你的幻想也会得以实现，因为“吸引定律”是一个非常强大的法则。

国家政府就是大多数振动的副产品。战争也是大多数振动的副产品。

换句话说，战争并不是你们的政府违背你们的意愿而发动的。战争是从大多数振动中酝酿出来的。

但有趣的是，通往和平的道路通常是战争。我们也向你们一样，不认为战争会带来更好的结果，但是我们不觉得它是有错的，我们明白隐含在它背后的思想。如果你总是想不通，那你的生活只会变得混乱艰难。最后你只得说:“这可不关我事。我并没有发动那场战争。我并没有支持这场战争。我不明白这场战争。我不想再想这场战争了，我也不会再将它当成我不开心的借口。”

1. 祈　祷

你的祈祷会引导你去关注，然后“吸引定律”会将宇宙中所有跟你的“关注”和谐一致的东西带到你身边。

2. 人生的目的

你带着目的来到这个物质世界，为的是要弄清楚什么是你想要的，为的是与创造性的能量联结起来，然后让它流入你关注的目标中。并不是因为这个目标重要，而是这个能量的流动过程对生命来说是不可或缺的。

3. 现　实

不要去理会现实。想象现实就是你想要的样子，这样你就会将自己的振动调到与你的期望相一致的频率上。当你的振动和你的期望相匹配，那么你生命中所有与之匹配的东西时时刻刻都会被吸引过来。

你已经训练自己去面对现实了，你已经训练自己去说实话了，你已经训练自己就事论事了。因此，在开始时，幻想看起来有点不合理，因为看起来好像你在愚化自己。有时人们会说:“哎，这可不是在否定一切吗?”我们会说，我就是希望如此。我们希望你否定你不想要的东西的缺乏，我们希望你去接受你想要的东西的存在。但是有时你会觉得“否定”是个禁忌语，因为面对自己生命悲惨的现实，否定是可以接受的。我们要去忽略所有没有让我们感到快乐的事情。我们只将目光投在那些让我们感觉良好的东西上。

这是一个事实吗，又或者它不是一个事实？一切都是事实。即使只是想象，它也是那个想法中的事实，而且如果那个人能够转化它的振动，就会感觉到它的存在。可以这样说，任何能够被感知的东西都是事实。因为，作为一个创造者，你的现实建立在你乐于想象和放任的事物上。

你周围很多人都想要向你指出“现实”。他们说:“面对现实吧。看看现在这样的状况。”而我们要对你说，如果你只能看到现在的状况，那么，通过“吸引定律”的作用，你将会创造出更多“现在这样的状况”……你必须能够让你的想法超越你现在的状况，这样是为了吸引一些不同的事物或者更多。

关注你的感觉，然后选择让你感觉最好的想法，这样做的同时就是在掌控自己的振动，也就是说你在控制着你自己的吸引点，也表明了你正在创造你自己的现实。意识到自己能够创造自己的现实，而不用时刻关心别人都在做什么，你越少关注其他人的行为，你振动的纯度就会越高，走进你的事物也将带给你更多快乐。

一切“现实”都是由于某人的关注而得以实现。在你意识到你在创造自己的“现实”时，你被教导要面对现实。不要去面对任何“现实”，除非它是你想要创造的“现实”。因为任何“现实”的存在都是因为某人对它的关注，希望它能实现。你和其他人的经历都不会是“艰难和匆忙”的现实。

4. 悔　恨

一点点的挣扎感或者一点点的悔恨只会阻碍你的“漂流瓶”浮出水面，而且阻碍你和促进一切提升的能量的联结。没有什么能让你回到过去再重新活一次，或者做出弥补，或者对现在感到后悔。你生活中的每一部分已恰如其分地展开。因此，此刻明白了你从所在之处所了解的一切，现在你想要什么？答案现在来到你的面前。怀着喜悦向前去，去得到它。

5. 阻　力

“休憩”看起来似乎是一个更重要的美好经历，但“激情”总是被弃置于“休憩”之上。只有“阻力”才会让你感到疲劳，或者让你陷入困境。

“阻力”就是一种信念，你觉得自己很容易会受到你不想要的东西的伤害或者影响，因此就保持一种保护的状态，这样同时也会阻碍“安宁”的状态进入你生活。没有任何东西“大”到可以保护你免受你不想要的东西的攻击；然而，任何你不想要的东西也不会“大”到可以进入你的人生。

6. 责　任

没有任何人能否定你的任何事。只有你才能通过振动的矛盾而去否定任何事。

7. 自　私

你必须要自私到能让你自己和“安宁”的状态一致。如果你不够自私到去有意让自己和你的目标，你的信念和你的期望达成一致，那么你就没有任何东西可以提供了。有些人会担心如果他们吃了太多的“派”（馅饼），其他人就没得吃了；但事实是，这个“派”会根据你们所有人发出的要求按一定的“比例”发放。

人们担心所有的人都变得自私。“如果每个人都按照他们想要的那样去做，那这个世界将会变成怎样?”我们说，世界将真的会变得很美好。因为如果每个人都是按照他们想要的那样去做，每个人都会感到“自在”。如果你感到“自在”，你就感到“有力量”。于是所有存在的负面情绪都会听到这个声音，所有负面情绪的存在就是因为缺乏“自在”的感觉的存在。

8. 性

性是来自体内难以抵制的冲动之一。你可以压制它，可以圈住它，可以控制它，但是它是一股不断涌现的冲动，有时候超越任何冲动，持续不断地涌现。

9. 精神性

所有物质的显现都是精神性的。一切皆是精神的终结产物。你没有任何东西去考验。做一个灵性的自己吧，像一个物质性的朋友一样去创造。

10. 与更高层的“自我”相联结

当你能够保持和你的能量流保持联结的状态，你总是会赢。而且你知道，不需要其他人的失败来让你得到胜利。“资源”总是足够的。

想法和感觉

快乐是建立在你想法的“质量”之上。不要接受与“美德”不相称的想法，不要接受与合理的“自然”相违的观念。我们希望你去享受经历的对比差异，就好像你在享受美味的自助餐一样。我们希望你能达到那种境界，就是当摆在你面前的这么多食物中有你喜欢的，同时也有你不喜欢的，你不会为此感到沮丧。同时要练习“虚拟现实”，这会让你更自信。你不用硬逼着自己把你不喜欢吃的东西夹到你的盘子中；你只需要夹起你喜欢的食物。思想的世界也是一样的。你可以从中挑选你喜欢的。

不管你在想些什么，都是在计划一个“未来”。当你在为某事而担忧时，你也在计划着；当你为某事感激时，你也在计划着……那么，你在计划什么呢？

当你去追求一个让你感觉更好的想法时，宇宙就会以不同的方式来回应你所做出的努力。因此，涌进你生命中的事情也会变得越来越好。接着也就越来越容易得到让你感觉更好的想法，因为你已经处于不断在增长，不断在提升的让你感觉更好的“平台”。

你对自己开什么车很是挑剔，你对自己穿什么衣服也很挑剔，你对你自己吃什么食物也是挑剔的。我们想要你对自己在想什么更挑剔一些。

在你感知到某事时，你就产生了一个想法，而你现在就在思索这个想法。既然这个想法已经存在了，既然它已经被召唤，既然它已经被聚焦，既然它在振动。那么，现在，其他跟它振动一致的想法会向它靠拢。因此它很快就得以扩展。

振　　动

你的振动和你现在的感觉是一致的。不管你是在想你的过去，还是现在或将来，你现在的感觉，也就是当你在想这些的同时的想法，就是你的人生。而且这才是你不想浪费在“阻力”上宝贵的、神话般的、创造性的人生。

你并不一定要达到很高的振动，因为它是你天生的。但是你必须要停止那些引导你产生低频振动的思想。不要在再将你的注意力放在那些阻碍你“漂流瓶”浮动或者阻碍你和真正的自我和谐地振动的事情上。

宇宙并不知道，也不在乎究竟你发出的振动有没有和你现在的生活相匹配，宇宙留心的以及回应的是你正想象的东西。不管怎样，宇宙接受了它，当作你的“吸引点数”，然后再去匹配它。

当你发出一个振动时，宇宙力量互相合作以求满足你的要求。你真的处于宇宙的中央。

你不必同时携带着“好的”与“坏的”想法。为什么要在振动中融入“坏”的？只允许“好”融入振动之中，然后就会有“好”的事情来到你身边。宇宙不会分辨得出来你发出的振动是因为你在观察某件事，或者你在回忆某事，又或者你在想象某事。它只是接收这个振动，然后以与其匹配的实物来回应这个振动。

宇宙不会分辨得出来你发出的振动是因为你在观察某件事，或者你在回忆某事，又或者你在想象某事。不管是哪种情况，它都会回应。你内心会产生一股情绪，那个情绪就是你的指导，或者说你对你的振动的回应。然而，你的情绪并不是创造者。情绪是你对你的创造物的指示。当你在思考时，你就在振动而它是与你“吸引点”匹配的振动“献礼”。因此它们总是匹配的。你正在想的东西和来到你身边的东西永远都是一个振动的“匹配”。你的情绪（你的指导系统）会告诉你将会有什么来临。

宇宙不会分辨你要求是好的还是坏的。它的任务就是回应所有的请求。你所要做的就是让自己跟你的要求振动一致，然后宇宙会为你实现它。

需要与期望

期望是所有新的创造的开始。你期望的“种子”里包含了让它开花结果的每一样必需的条件。而“吸引定律”就相当一个发动机。你的任务就是为你的期望提供一个肥沃的土地，让它得以生长。

整个宇宙的存在就是为了“生产”你内在的“需要”！你压制不了“需要”，你生来就是一个“需要者”。“需要”是一件好事。用粗体字写下这句话:“需要是一件非常美好的事！”

吸引定律说:“同频共振，同质相吸”。振动永远都是互相匹配的。因此，当你在经历生活的差异性时，会从中得到新的期望，这个期望，不管它是强烈的还是微弱的，都在按照比例发出召唤。当它在召唤的同时，它总是会得到回复的。这就是我们宇宙的根本：当它被要求时，它总会给予。人类认为他们要通过语言或者是行动去要求，但是宇宙并不是回应你的语言或者行动，宇宙回应的是你发出的振动。

你确认自己想要的东西，然后你让自己与这个期望的振动达成和谐一致，通过“吸引定律”的作用，将召集的能量贯穿于你，这个就是人生。如果有人停止了“期望”与“渴望”，那么生命的动力就不会再贯穿于他们的体内，然后他们又重现于产生多种欲望和目标的非物质体中。

你想要这个“期望”，因为它是一个能让大量生命动力流进你体内的想法、目标或创造。生命动力正在流进你体内，这个才是主要事件，而不是“显现”。如果你现在不相信我们，你可以等到“显现”出现，然后你就会发现那股推动生命力进入你体内的力量已经大大地减弱。这即是为什么你要不断地去寻找新的目标。

你是不可能脱离充满激情和渴望的自我而存在的。你生来就在这个“自我”中，这是再明显不过的了，这就是为什么你压制自己的欲望时，它还是不断地涌现出来……你的漂流瓶永远都在流动，除非你将它压制在水下。一旦你决定你需要某东西，那么同时你也就知道什么是你不想要的了。

每次在你“需要”某样东西，与它达成和谐一致的振动，放任它来到你身边的这个过程，你不仅从你期望的实现中得到了满足，而且你也从中获得一个全新的视野。

你不必成为你不想成为的人，你不必达到你不想涉足的领域。你可以由你现在这样的状态达到你想成为的人。每次在你“需要”某样东西，然后与它达成和谐一致的振动，放任它来到你身边的这个过程中，你不仅从你期望的实现中得到了满足，而且你也从中获得一个全新的视野。“期望”会召集生命的动力。如果我们想要继续生存下去，我们必须拥有新的“期望”。不要贪婪地强烈地去“需要”，当你贪婪地强烈地去“需要”某样你根本就不知道怎样才能得到的东西时，这种感觉太不舒服了，而且其中的风险也很大。我们希望你听到的是根本一点风险都没有。幻想它，然后看着它发生。

每个“目标”都是两面的：需要的和不需要的。“目标”真的都是两面的：你渴望的东西，同时也是你缺乏的东西。通常，你想的其实恰恰就是这个“目标”的另一面，也就是“渴望”的反面。

期望是所有新的创造的开始。你期望的“种子”里包含了让它开花结果的每一样必需的条件。而“吸引定律”就相当一个发动机。你的任务就是为你的期望提供一个肥沃的土地，让它得以生长。

你　是　谁？

你真正的本质是灵魂，只不过集中在一个物质的躯体中，你非常清楚一切安好，而且从来都是如此，将来也永远如此。你来到这个世界是为了经历获得新的渴望的巨大快乐，然后让自己和这个渴望振动一致，将这个想法扩展开来，超越原本。

你的“真我”喜欢跳跃、大笑、思考，你的“真我”喜欢称赞别人，喜欢感恩，喜欢沉思不怎么明白的事情，然后得到理解。你的“真我”就好像两岁的你，活蹦乱跳的，渴望经历人生的一切。想要与“真我”一致，你只需达到像上面所说的那样就行了。

你终止不了你的存在。我有一次听到马克·维克多·汉森说：你可以用一把枪打爆自己的头，在血溅到墙上的时候，“你”会从你的身体跳出来看着这一切的结束。所以，知道新的渴望会不断从你体内产生，你就永远不断地在设定目标和创造新的成果。因此，你的扩展是永恒无尽头的。所以，如果你期待的某样东西还未实现时，你可以开始休息放松。

为什么你不想要的人和事会出现在你的人生中

如果你的经历有部分是你不喜欢的人的经历，那是因为他们就在你的生活中。因为你对他们投入了注意力，你也就不断地在召唤他们。开始时你不了解“吸引定律”的作用，你用旧的观察习惯，结果与你不喜欢的人或事物形成了和谐振动，于是你也就在不断地召唤着他们的到来。

走到阳光下，脱离那些惹恼你的人、那些跟你意见不合的人、那些让你感觉不舒服的人的振动，不要让他们进入你的生活。因为你的振动，通过不断“练习”，会变得如此清晰、如此纯净，所以保持与你的期望振动一致，然后你周围的世界也会变成跟你想的一样。这才是你所计划的。

为什么耗时这么长

如果一个人没有收到他一直要求的东西（期望的东西），原因只能是这个人自己并没有和他所要求的东西达成振动一致。这里不存在不足，这里也没有短缺。资源之间并没有竞争。只有“放任”或者“拒绝”所要求的东西的来临。

而且当你将注意力投在你想要的东西上，对它说“是的”时候，你就接纳了它进入你的振动中。但是当你看着你不想要的东西，然后对它说“不”的同时，你也将它吸入了你的振动中。你是不可能将你投入注意力的任何一样东西排斥在外的。

为什么很多人都不知道运用吸引定律

每个人都在运用“吸引定律”创造他们的人生，不管他们有没有意识到。但是大部分的人是无意之间运用了这个伟大的定律，而不是故意地去利用它。“吸引定律”到处都有，每个人都受到它的影响。而且人们“想”的，人们“感受到”的和最终人们“得到”的永远是相互匹配的，这是一个真理，但是很多人并没有去“要求”，因此他们还没有准备好获得“回应”。因此，我们会说，虽然每个人都想知道这个信息，但是并不是每个人都已经为此做好准备。我们不会浪费时间去说服每一个人，因为如果他们不要求，我们的答案只会激怒他们。

1. 工　作

这是工作的“机会”还是一个束缚呢？因为你真正想要的是“自由”，很多人将替人打工看做是一个束缚奴役，但是当你能明白作为一个实体存在的一个企业跟一个人并没有什么不同的时候，你就更容易明白你雇主的每一个决策。在公司这栋大楼建成之前，或者在工作人员成立之前，这个企业的“前景规划”就开始召唤能量。于是几年后，你就被召入成为那股“流”中一部分，不知不觉中，你就成为那股源源不断的能量流动中的受惠者。当你踏入雇员的位置时，因为这个企业的创始人的“想象”，因此生命的动力被召唤而进入你体内——除非你从“涌流”中落下。大多数人都能进入那股“激流”中，然后不断地逆水前进——但接着他们就会抱怨这个过程的艰难——他们本可以坐在“独木舟”中轻轻松松地顺着这股激流前进的。只要你不要特意去寻找你为什么在这股“激流”中逆流而行的原因，那么你就在任何条件下都能够高飞和茁壮成长。因此，其他人做出什么决定真的一点都不重要。你要问的问题是:“我既然选择了站在这里，这是一个让‘金钱’流进我生活，兑换我做出的努力的一个方式。我有没有特别注意让那股能量流进我体内，我有没有放任它的到来?”

2. 价　值

拿走属于你的“价值”，让宇宙中的精灵们去帮助你。不要再往你身上扣上那么多的责任，从此以后要过得开心。缩短你现在的状态和你要达到的状况的距离，从方方面面入手，将它们缩短到“现在”这个时刻。你只需要去采集“果实”。你不必是那个种植它的人。你只需要跳到顶部，然后采集你所要的“果实”。这些“果实”是“美味”的。也就是,“果实”在那里是等着你去采摘的，它们等着你尽快地去接收，只要你的振动让它们来到你生活中就行了。

3. 我为什么出生

“那么，为什么我就是我呢？为什么我注定如此，为什么这条路就是这样?”我们说:“是为了其中的乐趣，是为了其中的快乐，是为了它的扩展，是为了它的成长，为了其中的差异，为了其中创造价值的期望。”

4. 你最终的命运

你绝不会到达任何终点。所以，我们要提醒你放松，然后在过程中体验乐趣。

你不能“杀掉”所有不赞同你的人。你做不到。就算你“杀掉”了很多，很快你身边剩下的都是跟你意见一致的一群家伙，但是接着你们之间又开始有了不合。换句话说，你不能通过排斥你不想要的东西而得到你想要的一切。这从来都是行不通的，而且永远也不会行得通。

非物质的状态并不要求你要归属一个具体的“类别”，或者站在一个具体的“角落”，或者在某个集会中或教堂里用精确的语句祈祷。你是一个受到祝福的个体，你是一个值得拥有“安宁”的个体，你会用许多不同的方式来找到你的“安宁”。“类别”根本就不重要。

如果一个人明白这个道理:“我创造的东西与别人正在创造的东西一点关系都没有。”那么他就不会担心别人正在做些什么。每个人都觉他们是对的。所以关键不是谁是对的或者谁是错的，而是谁更能和他们的资源达到最好的和谐状态，而且谁最放任结果的来临，以及谁的人生大部分运转地最好。

所以人总会接收到和他们发出要求的振动匹配的东西。从来都不存在着神秘。一旦你明白这些，那么“安宁”会达到充盈的状态。你是“安宁”的天然容器。你必须要求源头能量会回应，你要做的就是“放任”。一旦你将这三个环节联系起来，你就可以去练习这个过程，到处都可以，一切对你都产生了意义。你人生中的一切都是有意义的，而且你所观察的人的人生中的一切也是有意义的。因为当你了解他们的情绪和态度，你也就非常明白为什么他们生活中会有这些事情的发生。

从来都不存在着神秘。你不必同时携带着“好”与“坏”。为什么要将“坏”融入振动中呢？只接纳“好”进入振动，然后也就只有“好”进入你的生活。

你们的子孙一代为什么能够从你们“发射”的“振动”中得到好处呢？原因就是他们生来就对这股欲望没有任何“抵制”。你看到那些小孩们使用电脑了吗？使用电脑对他们来说没有任何问题。他们生来就在一个电脑的世界中，他们已经赶上你们投入的振动的未来。这也是为什么说“当老一辈死去，接着新一代的诞生”，因为这样可以“稀释”在这个地球上存在的“阻力”因子。

从非物质状态中，你创造了你；而从物质状态中，你不断地进行创造。如果我们不是一个能量流动者，那么我们就什么也不是。我们必须要拥有关注的目标，它可以敲响我们的“铃铛”，让我们感受我们对“自我”的充分意识流进体内，继续所有的创造。这既是由“无”到“永恒”的过程。

当你看到某人被一件很糟糕的事情缠绕，他们下定决心摆脱这一切的欲望会从你体内发射出来。然后，如果你开始注意他们的“决心”，你马上会有更好的感觉。现在，你就是那个“决心”中“涌流”的一部分。

有时候是你自己走进事物当中，如果你对它们投入注意力，那么你在一开始的时候就会知道它不是你想要的东西。在大多数情况下，你最初的反应是一个非常好的指示器，可以从中知道它会怎么样显现。让你最伤心的事情也就是那些你最先产生反应的事情，但是你要说服自己去摆脱它。

18. 从迷茫到清晰到献身

当我死之时，我与天使一起高飞，当我在天使的世界中死去时，我将会成为你想象不到的物质。

——鲁米

在你体内有一股有“目的”的力量，显微镜也不能显示它。你可以通过 X 射线技术找到它的中枢，但是中枢的“指挥官”仍然不为我们精密的探测仪器所动。你就是那个“指挥官”，你必须让自己和这个伟大的“指挥官”和谐振动，让他为你服务，而不是让自己停留在“荒废”的状态。

迷茫就是在头脑清晰之前最好的状态。

当你内心足够清晰，非常清楚你要为世界做出的贡献，那么这个世界就差不多来到你面前了。当你清楚你想要什么车，什么样的人、房子或者工作，以及任何你想要的东西，你就开始在吸引它们了。

清　　晰

“缺乏清晰的目标是最浪费时间的。每一次都要问问自己：‘我想要做什么？我应该怎么样去做。’”

——博恩·崔西

“我知道成功的代价：奉献精神，勤奋努力以及对你期望实现的目标不懈的专注。”

——弗兰克·劳埃德·赖特

“当你非常清楚自己想要什么时，你每天早上都是怀着对生命的兴奋之心醒过来的。”

——马克·维克多·汉森

“我们看到的主要都是源于我们寻找的。”

——约翰·卢波克

很多东方的传统精神教义认为，每个人都是一个无穷大的思想中的一部分，虽然我们每个个体都是单独分离的。比如说，中国的圣人老子就在他的著作《道德经》里为我们描述了这个领域：

有物混成　先天地生，
寂兮寥兮　独立而不改，
周行而不殆　可以为天地母，
吾不知其名　字之曰道。

在古印度，早在几千年以前，吠陀大师都已明白了这个道理，我们人类都是在一个一元的宇宙中生活、呼吸、活动。

现代量子物理学证明了先前预言家的预言：我们并不是在这个一元世界中往外望的旁观者。我们是无限永恒的个体，不受时空限制。当你坐下来，阅读到这里，你脑海中所有的想法产生了一段波，撩起“自我”、“智力”、“思想”、“感觉”以及“物质”层面的涟漪，这段波通过“吸引定律”的作用，四面八方地发送到宇宙中，影响了自然万物。我们通常不会注意到我们思想所产生的细微变化，因为我们被我们的意识所限制，被压制着而不能觉悟。然而这些变化是不断伸展的，即使它们深藏在我们意识的背后。当我们渐渐意识到所有生物潜在的智慧时，我们就会认识到大自然也是跟我们一样富于生命力的，那么我们就会对它产生敬意。我们会感受到流窜在这个星球上万物的共同力量（不管是生机勃勃的生物，还是没有生命的物体），而且一股想要融于自然的欲望本能地显现出来。

在这个扩展开来的意识水平上，我们不可能做出伤害环境或者其他任何人的决定。相反，我们会探寻能“滋养”扩展的身心以及宇宙的想法和行为。

我选择的一个做法就是加入由狄巴克·乔布拉担任顾问的一个支持“健康地球和绿色生活方式”的全球性组织中。只需轻轻点击链接，你就可以投入这个事业中，赞助商会给予你帮助。我建议你登陆 www. Care2. com，去看看“绿色生活渠道”组织中的生产行政主管安妮·邦德写的一封信。

Vashistha 瑜伽大师的话

脑海中的想法就像浓雾中的一座城市，
思想变为现实的过程就像这片城市的显现过程。
由无限的意识，我们通过想象创造了彼此。
只要有“你”和“我”的存在，
就不会有解放，
亲爱的，我们都是宇宙的意识，
以个体的形式呈现。

早在5000年前，印度的吠陀大师们就已经教导我们：我们人类的自然本质是无限的、一元的、完美的。我们有天生的动力去成长，创建健康以及创造成果。为了能够充分体验这些“礼物”，古代的圣哲们建议我们要以一元的观点看待生活，就是整体地看待一个人——包括他的思想、身体和精神。而不是集中在身体的某个症状或者某个方面上，运用无时间限制的“工具”，让身体、思想无条件的再度结合，那么它就会很快地自我恢复了。

虽然“整体医学”这个名词对于西方来说相对比较新，但是这个理念却是历史悠远的。地球上的生态系统，其中包括海洋、大气、土地、植物和动物，都是相互联系、相互依赖的，而我们生活中的身体、思想和精神方面也是密切联系着的。当其中的一个系统失去了平衡，就影响了整体的功能运作。

是这股生命的泉水，
日夜流穿我的血管，
也流穿过世界，
又应节地跳舞。
就是这同一的生命，
从大地的尘土里快乐地
伸放出无数片的芳草，迸发出繁花密叶的波纹。

——泰戈尔

19. 最后的忠告

> 宽恕并不会改变过去；但它却可以扩展你的未来。
>
> ——佚名

很多年前，亨利·华兹华斯·朗费罗说：“如果我们能够读懂我们敌人的内心世界，我们就会在每个人的生活中找到足够的悲伤和痛苦来消释所有的敌意。”

亲爱的读者：这里我要请求你们，请宽恕我。如果你看过我的书，或者参加过我主持的“吸引定律”研讨会，你就会知道我们谈论了很多关于“宽恕的法则”和“宽恕”的话题。如果你读过我之前的书，我必须向你坦白，我这里的故事也许你已经在我之前的书中看过了，所以请原谅我吧。

当你将“宽恕”用于你生活中的同时，不妨了解一下这一章中的历史故事所要表达的信息。这一章很长，包含了许多我喜欢的关于“宽恕”的故事。“最后的警告”意思是：你可以使用世界上所有的策略、技巧或方法，但是如果你做不到一件事，那么它们都不会有任何用处！而那一件事就是要原谅你过去生活中的一个人。是的，那是对的，它就是阻碍你努力去过上梦想中的生活以及获得自己所有的潜能的羁绊。让我来告诉你一个事实——如果你对此不屑一顾，你也可以将这本书送给你爱的人，因为这本书对你来说没有什么意义。做智者所做过的事……从别人的错误中学习……你花一生的时间都不可能靠自己一个人去学到那么多东西。

因此，我问你，什么时候“现在”会是将一切抛在过去的好时机呢？

它的出现只花你2～3个星期的时间，而且都是属于过去的事。如果我能在我的研讨会上见到你，我会通过测试你的肌肉反应，了解你究竟有没有放开，看看是否在你潜意识里还存在其他妨碍你潜能得以开发的芥蒂。快跟上“上帝”的脚步！

几年前，我开车在卡罗莱纳州北部的一条旧乡村之路兜风，看到了一个教堂前面的一个标语，“宽恕不能改变过去，但它能扩展你的未来”。这句话太有道理了，缺乏宽恕之心源于多数负面的情绪就像怨恨、罪恶感，还有憎恨。你一直怨恨曾经伤害过你的人，这就是引起心理疾病的主因。怨恨、憎恨别人只会保持他们和你的距离。愤怒和对抗抢走了你生命的动力，它们会促使疾病的发生，破坏你的成功，妨碍你的个人成长。

内疚，这个负面的情绪，就是一种无价值感、具有破坏性的批评、爱的缺乏以及一种觉得“自己不值得、不应该得到如此好的待遇”的感觉。怀有内疚感的人不会感到自己是有资格去享受生命提供的好东西。他们疑神疑鬼，当事情发展顺利时，他们的内心深处觉得这种状况不会持久。他们倾向“失败”。他们是在“我不值得拥有这么好的东西”这种思想中长大的，于是他们放大了“自我破坏”的行为。

十多年来，“宽恕”一般都是出现在圣经和神学中，但是慢慢的，关于“宽恕可以治愈人”这个概念渗入到心理学中。像祈祷和冥想一样，宽恕被证实是一剂良方。愤怒和痛苦是你心怀怨恨的代价。医学领域开始认识到，对过去的委屈耿耿于怀就是导致心脏病的首要原因。中国有句谚语说：“寻求报复的人挖下了两个墓穴，其中一个是给他自己准备。”

有些人能花上好长时间计较他们受到的错误对待，如不公、贬低、冷落、侮辱、敌意以及糟糕的待遇。他们可以想到具体的事情，就像巴甫洛夫的实验狗一样，每次都能产生与最初愤怒同样的感受，再一次到处发疯。他们的怨恨是如此顽固，如同猫毛顽固地粘附在开司米羊毛运动夹克衫上一样。有句老格言说：“狂怒对装着它的容器的破坏性大于它倾泻的目标。”

“怨恨”这个英语单词来源于法语单词“sentir”，表示去感受或体验。怨恨某人或者某事，就是再次去感受原来经历中的那种恐惧、那种愤怒、那种伤害、那种羞耻以及那种痛苦。这些感受伴随着我们，打包在一起并被贴上“委屈和责备”的标签。那个包中装的都是别人犯的差错，很快它就会变成一个非常沉重的负载。

“在人类成为牺牲品的痛苦和破坏性的情绪中，也许最常见的就是仇恨了。”西奥多·达林普尔在论文《怨恨的使用》里写道。怨恨吞噬了自尊和思想的平和，它用痛苦和破坏成长来代替希望。如果一个人能够去责备其他人，那么他们就不需要自己承担责任了。充满仇恨的生活使他成为牺牲品，抑制了任何改变；而改变才能推动人变得更加有效率、更开心，过得更丰富多彩。《酗酒者之书》中说:“怨恨使我们脱离心灵的阳光。”

当然,“宽恕”现在流传开来了。克林顿总统不管是在公众场合或者是在私底下，都在为他闹出的性丑闻而请求大家的原谅。而且近年来，有很多人选择宽恕他人，树立了感人的典范。

红衣主教约瑟夫·巴那丁在1996年死于癌症，而早在1994年，他就已经原谅了曾诬告他性虐待的那个人。史蒂夫·麦克唐纳是纽约的一名警察，他原谅了在1986年枪击他并导致他瘫痪的人，而现在他成为了“宽恕”的提倡者，甚至将这个信息带往饱受战争的北爱尔兰。纳尔逊·曼德拉被关在南非的恶魔岛监狱整整27年，在1990年才获得自由，他并没有因为这么多年的痛苦而去报复那些种族主义者，而是通过民主选举，成为了总统，然后和平地去推进国家进步。曼德拉一生致力反对种族隔离政策，作为这个国家的领导人，在5年的总统生涯中他为这个曾经囚禁过他的国家播下了自由民主的种子。在约翰内斯堡南部的一个露天运动场里举行的集会中，有好几万支持非洲国会的人举着标语“SIYABONGAI”向这位80岁的自由战士致敬,“SIYABONGAI”翻译过来就是“谢谢您”的意思。在曼德拉的领导下，南非政府采用了新的宪法，并改进法律系统，为千千万万的人提供住所、卫生保健和干净的饮用水。

怨恨不会有任何推动作用。怨恨是世界上破坏性最强的力量。它对那些怀疑它的人造成的破坏是最剧烈的。亨利·爱默生说:“怨恨别人就像烧了自己房子去杀死一只老鼠一样。”

《奇迹课程》里详尽地解释了“宽恕”是让内心平和的关键。它里面写道:“宽恕将你和自己之间的芥蒂去掉。”“宽恕的想法已经到来”，弗吉尼亚联邦大学心理学教授埃弗雷特·沃辛顿说。他领导了约翰·邓普顿“宽恕”研究基金会的活动，这一活动发起于 1999 年秋天，募集了超过 1000 万美元的基金，用于 60 个项目，而这个活动的目的是“减少人类的悲惨，提高生活质量”。婚姻和家庭咨询专家沃辛顿是这样定义“宽恕”：当一个人伤害或攻击你时，躲开或者避开，不要去寻求报复伤害的机会。沃辛顿对这点的理解超出了所调查的观点。当他的母亲在 3 年前因一次入室行窃被杀死时，有一段时间他一直挣扎于愤怒和复仇的欲望之中。在母亲死后不久，他出版了一本书《宽恕是唯一的路：如果让往事成烟》。“这本书是为谁写的呢？别人吗？当我在脑海里思考这个问题时，也就被它的讽刺击倒了。”沃辛顿听从了自己的忠告:“它帮助我原谅了很多人。宽恕很快就出现了。”

威廉·布莱克在他的诗中表达了对偏见和不公的轻蔑:“生活唯一的艺术，就是忘记和宽恕。”宽恕是治愈伤痛的基础，也是精神觉醒的基础。

关于“态度疗法”的引导人杰拉德·杰鲍斯基说:“怀有负罪感和不可饶恕的心，无疑让我们感到被攻击，为我们施与自己或者他人的愤怒而辩护，破坏我们的自尊和自信。充满负罪感让我们感到被过去牵绊着，对现在的机会视而不见。”这样能让人们继续生存下去吗？基本上，你只有两种方式。一是你可以继续怀着负罪感，责备着自己和其他人，经受痛苦，要记住生活中总有一些痛苦遭遇是必然的，而大部分的悲惨则是不经意间造成的。二是你选择原谅自己和其他人，从而能够继续前进、成长、学习，而且能够获得自由。你知道吗？在戒酒的 12 个步骤中，实际上有 7 个步骤是关于负罪感和宽恕的。这个星球上大多数人都活在负罪感的巨大负担下，这个负罪感会产生自责，以及不能原谅自我。

怨恨和愤怒，并拒绝宽恕，阻碍了“复原”和个人成长。怨恨、伤害、愤怒和指责对健康、人际关系、精神状态、幸福以及财富伤害很大。你因为“不宽恕”而付出了多大的代价？你是否以“孤独”来支付？你是否生活在恐惧之中？你是否以疾病来支付？你与同伴之间是否缺乏信任，或是维持虚伪的关系？是否有冲突或苦闷？为保持怨恨，你正在付出什么代价？问问自己，“想要痛苦，还是快乐？”宽恕意味着原谅。如果我们始终保留着悲痛和错误，长此以往，逐渐地会将“爱”和“平和”挤出去，我们将变得多疑和悲惨。仅仅是时间并不能纠正错误，时间是很好的医治者，但它能杀死“所有的病人”。真正的宽恕是必须真心的，真心的宽恕能洗去“羞愧”和“罪恶”并能净化灵魂。选择同情、仁慈和爱去替换悲痛、怨恨和憎恨。就像特雷莎修女所说的一样：“我们一定要让家园充满无尽的同情和宽恕。如果我们真的想要爱就必须学会该如何原谅。”

大家公认的伟大剧作家、十四行诗人——威廉·莎士比亚，写过一首诗歌：

威尼斯商人

慈悲不是虚伪的，
它像甘霖一样从天上降下尘世，
它不但给幸福于受施的人，
也同样给幸福于施于的人；
它有超乎一切的无尚威力，
比皇冠更足以显出一个帝王的高贵；
御杖不过象征着俗世的权力，
使人民对君上的尊严凛然生畏；
慈悲的力量却高出于权力之上，
它深藏在帝王的内心，
是一种属于上帝的德性，
执法的人倘能把慈悲调剂着公道。

——威廉·莎士比亚

我们需要神圣的品质才能去面对那些曾经伤害过我们的人，对他们宽恕。记得莎士比亚的忠告“季节因为同情而丰富”。选择“宽恕”，而不是“报复”，会让你关注现在的幸福，而不是活在负面的事情上。“宽恕”会将你带到天使的旁边。

第二次印度之旅时，我参观了圣雄甘地的故居。我和我的同伴只付了几卢比的入门费，就开始我们的自助游了。那是一个简单的住所，那里有他冥想时用到的纺纱轮，还有很多照片，每张照片下面都有说明。有一张特别的照片吸引了我，是关于他被暗杀的。那张照片上的说明写着：当甘地被击中的时候，他嘴里蹦出的第一个词语就是："天啊"，然后他马上就为那位刺客祈祷。我是第一次看到这个故事，内心澎湃，感动得流下眼泪。我经常回想甘地的一句话："善良地去对待你遇到的每个人，因为每个人都是携带着沉重的包袱。"这真的是个真理，年长的人似乎更能理解这个道理。不管什么时候，你和那些态度恶劣的人、愤怒的人或者也许带有怨恨和痛苦的人相接触时，要知道他们是活在巨大的有毒情绪之中。我们要培养自己的"同情心"，而且记住"善良地去对待你遇到的每个人，因为每个人都携带着沉重的包袱。"

要发挥潜能，发展全部才智，释放情感，令精神健康，你就必须原谅每个曾经伤害过你的人。你可以仅仅把它看做是一个自私的行为。你必须放弃和远离这些负面情绪，拒绝一遍又一遍地为同一个不愉快的经历付出代价。把愿望放在幸福生活之中，培养自己良好的人格，真正地从这些情绪中跳出来。因为你是会吸引跟你主导思想一致的人和环境的，因为你会变成你所想象的人。因此，如果你真诚地想要快乐、健康，而且完全摆脱那些有毒的情绪，那么你就必须培养"宽恕"的态度。

几年前我做了一个梦，梦到我进了监狱。在监狱中，我宽恕了我的母亲和哥哥，然后我看到监狱窗口铁栅之间的缝隙变得越来越宽，然后整个窗子便开了。醒过来之后，我明白了监狱窗口的打开意味着自由，我终于明白了其中的道理：宽恕就是自由。

你必须原谅的四类人

生活中至少有四类人是需要你去原谅的，这样才能将你从负罪、自卑、无价值感、悲痛和愤怒的有毒情绪中解放。当“放开”这些人，埋葬过去，你会感到如释重负，会感到放松和快乐。生活之门将以你从未想象过或领会过的全新方式向你敞开。

第一类你需要原谅的人是你的父母。在电影《潮浪王子》中，主人公尼克·诺特说：“我学习原谅母亲和父亲以及他们的缺点，我意识到在家庭中没有罪过，只有宽恕。”你一定要原谅父母对你的每一个不公、不友善，甚至是残忍的行为。无论你认为它们会留下什么样的疤，你都必须让它们过去，要意识到你的父母在当时已经尽了最大的努力。你一定要了解他们并不是生来就是开通的父母，为什么要责备他们？记住这一点，责备任何人包括你自己，都将会使注意力集中在过去，从而阻止你达到远大目标，而那正是你不想要的结果。你必须了解的一个至关重要的秘密就是：你在“这个时候”来到“这里”是因为你所做的一切。只有你才能确定这个决定能否为你带来最大的利益，这就是事实。好的方面就是，如果你能对你现在的生活状况负起100%的责任，那么你就能够拥有正确的思想和力量去将你从禁锢自己的地方解放，使“自我”得到更好的发展。

这就是你的人生，你的生活就是你的选择。没有任何人能干预你，除非你允许他们这样做。在某种程度上，你创造了你生活中发生的一切。当出现“抱怨”的意识时，这种感觉会引导着你打包行李，带上护照，然后搭乘飞机直达“抱怨”的天堂，那里人人围坐一团，抱怨着、责备着。无论其他人是如何对待你的，你要做的是站在自己的立场上去做选择，做明智的事，照顾好自己并承担责任。要记住，每个人都是根据当时的意识和觉悟水平去做到最好。许多成人到四五十岁甚至更老的时候还因为没有原谅父母，依然遭受着精神上的折磨。终生怨恨是可怕的代价，你什么都无法去补救。而且在许多情况下，你的父母甚至不知道做了什么事情令你伤心，他们通常都不会记得。如果你告诉他们为什么你还在生他们的气，他们会非常吃惊的。只有当你完全原谅父母的时候，你才真正成人。在那之前，你的内心还是一个孩子。对于大多数人来说，与父母最开心的生活开始于他们完全原谅了父母，把所有不愉快的成长经历抛诸脑后。

我记得在一部经典的电影《金色的池塘》中就有关于“宽恕”的一

幕。电影中，简·方达饰演女儿，而其父亲则在剧中仍饰演她的父亲，凯瑟琳·赫本饰演她的母亲。戏剧性的一幕就是简向母亲抱怨父亲无可救药的坏脾气，而凯瑟琳却看着“女儿”说:“孩子，你必须要了解有时你必须凑近去看，才能看清一个人是多么尽力。”你要了解，我们并不是生来就注定会有一个开明的父母。所以，我们也不是生来就注定生活在一个这样的星球上。

第二类你需要原谅的人就是每一个曾经以各种形式伤害或背叛过你的人。“拒绝原谅”就是一个能够产生巨大破坏，甚至能摧毁你成功机会的人。你不一定要喜欢那个人，你只是需要原谅他们。如果某人使你感到痛苦，如果爱人伤了你的心，如果好朋友背叛了你，原谅他们吧，他们并不知道伤害你有多深。如果他们真的知道会伤你多深，让你痛苦多久，他们肯定不会去这样做的。信不信由你，他们也做了所能做的最好。不去原谅他们只会让你自己和他们遭受更大的伤害。实际上，不宽恕是一件非常愚蠢的事情。释放愤怒，远离伤害，解脱自己，完全地原谅过去吧。

你可以将“宽恕”视为完全自私的行为，这与他人无关，然而，它与你现在和未来的成功和欢乐息息相关，这个世界上最令人痛心的事就是你仍然冲着某人生气而不顾及自己。

第三类你需要原谅的就是任何令我们受苦或者令我们生气的组织、机构、国家、文化或宗教。伟人如纳尔逊·曼德拉、圣雄甘地、马丁·路德·金、圣·保罗和安瓦尔·萨达特以及其他伟人传记都向我们传授了“宽恕”的深远意义。他们每个人都经受过牢狱之灾，并从中慢慢觉悟。他们开始的时候肯定都有刺痛的感觉，并且充满愤怒和复仇的欲望，但是宽恕转化了这些情绪，让他们在出狱后，对社会的变革采取了积极的行动。没有人可以否认这些人所做的伟大贡献。正如这些历史故事所说的那样，他们的“宽恕”并不是赦免那些关他们进监狱的人。他们只是意识到真正的监狱就在思想中，这个监狱就是由怨恨、愤怒和委屈这些可怕的思想一层一层建造起来的。

第四类需要原谅的也许是最重要的、最困难的，那就是原谅自己。这可能是你给予自己最好的礼物。是你为自己和家庭做过的最明智的事。你必须选择原谅以往自己做过的所有愚蠢的事。要知道，你从过去的痛苦和伤害中生存了下来，因此培养了强健的体魄、良好的性格和同情心。不论你做过什么，都不要用负罪感来折磨自己。记住你并不是完美的人，每个人包括你自己都是尽自己所能去做到最好。你会犯错，如果你不能对自己放松一些并原谅自己，你将永远不可能对别人放松一点并原谅他们。我可以告诉你，那些用棍子去评判别人的人，也会用同样的棍子来评判自己，而且人们也不喜欢去接近这样的人。

伟大的苏菲派诗人鲁米说："走进我，即使你已经上千次地违背了你的誓言。"当你学会承担生活中发生的一切时，让它变好，变得完美，好好利用它，你将要继续学习最后一课。错误不存在。哥伦布启动航程前往印度，却意外地发现了美洲大陆。"贴紧它"这个标语的出现是因为有些胶布贴得并不牢固。在一个完美的宇宙中，是没有错误的。这怎么可能呢?对过去心怀懊悔、负罪感或者自责是没有任何意义的。它是脆弱人格的象征。"自责"通常被当作畏缩不前的借口。事实上，历史上所有的智者和崇高的人都曾经犯过愚蠢的错误。其实，那也是他们为什么如此睿智和崇高的原因。

对于那些觉得在"宽恕自我"方面还有问题的人，那些老是想着"我本可以这样"、"我本会如此"、"我应该这样"的人，我来跟你们分享一些东西吧。无论什么时候，你"本可以做"的事情就是"你已经做了的事情"。每个人在每种情况下都是以他们当时的意识水平去做到最好，这是个事实。过去的事情已经过去了，你能做的最好的一件事就是原谅你自己，让它过去吧，抛开过去，继续往前看。以长远的目光来看待你过去的痛苦经历吧，这是你获得更好事物的通道。

一次，两名在集中营里受尽痛苦的囚犯交谈起来，其中一个人问："你是否已经原谅了让你入狱并残暴地对待你的人?"而另外一个人的答案是："永远不会!"第一个囚犯说："看来，你还要继续被他们关在监狱中。"

“宽恕”并不是……

1. “宽恕”不是“忘记”

我们要去原谅某人或者某事，并不是说我们就要像得了健忘症一样忘掉一切。“宽恕”某人或某事并不是将我们脑海中那些痛苦的经历擦掉。现在还没有高超的手术能够将我们生活中不愉快的经历去除——就算有这种手术，也不值得推荐。我们可以从这些经历中学到很多，吃一堑，长一智，不会再次成为牺牲者；变得富有同情心，替他人着想，而不是让他们重蹈覆辙。

2. “宽恕”不是“赦免”

当我们去“宽恕”时，我们应从过去的经历中得到教训，而这个教训对我们现在和将来影响却非常大，同时，它也为我们开辟了一条通往辉煌的路，但是，它并没有改变已经发生的事实。发生的伤害和不公让我们经历了痛苦。所以不要将“赦免”和“宽恕”混为一谈。

3. “宽恕”不是“牺牲自我”

许多人将“牺牲自我”的行为和“宽恕”混淆，这简直是胡来。“自我牺牲”并不是“宽恕”，它是一种“否定”，我可不是在说埃及的一条运河（埃及有条运河名为“Denial”和英语单词“否定”相同）。“宽恕”并不是说要你委屈自己，明明是不对的硬要说是对的。这些情况会发生在互相依赖的关系中，其中一个人非常在意这段关系，很爱那个不让他/她感到愉快的另一方，常常委屈自己，不管有多痛苦，自己总是强颜欢笑，容忍一切。这样对健康一点都不好，而且这根本就不是“宽恕”。这样下去，你的生活少了快乐，变得更艰难，而“宽恕”带给你的则与之相反。我们要么宽恕，要么拒绝。从长远来说，承认我们还没做好准备去原谅某事，胜过我们一直否定这件事或者假装自己已经宽恕此事。让我们一起来看看下面这则莎娃娜·麦克拉斯的故事吧。

20世纪90年代中期，我住在卡罗莱纳州西北部，那时，我对基督教做了一些负面的评价，因此冒犯了一个9岁的女孩。她叫莎娃娜·麦克拉斯，是我女朋友的女儿。这个小女孩为此对我颇为不满，还叫她妈妈不要再见我。这让我很紧张，我也向其他人一样，采取了必要措施。莎娃娜很喜欢海洋，于是我从一家珠宝店买了一条海豚吊坠的银项链想要送给她。在一个周末，我将这条项链送给她，并表达我的歉意，请求她原谅我。她接过了项链，用那对跟她母亲一样美丽的眼睛盯着我，然后说了些很让我意外的话，只有小孩子才能看得如此透彻："老是记得这件事，心中就好像压了千百磅的重量。原谅别人，心中的憎恨也就没有了，感觉也变得好多了，烦恼自然不治而愈。"有句话说："宽恕别人所得到的愉快和被原谅所得到的愉快是等同的。"原谅自己，就能够去原谅他人，而且这才是一种健康的生活方式。

我转换了铁轨，居然害了5条人命

这个来自《心灵鸡汤》的故事是我最喜欢的一个关于"宽恕"的故事。我相信你也一定会喜欢。

几年前的一个隆冬，在美国中西部的一个小镇上，一个病人躺在医院里，生命垂危。他没有家人也没有任何朋友，医护人员很同情他，为他找来了当地的牧师为这位临死的病人做临终祈祷。那时已经是深夜，外面狂风暴雨，天寒地冻。要让牧师在这种坏天气的深夜起来，冒着寒冷长途跋涉去为一个多年都没去过教堂的临死天主教徒祷告，还真是有点难。当牧师最终来到医院时，这个临死的人却对牧师的态度很恶劣。这个病人喘着气很生气地说他根本就没有叫牧师，甚至根本都不会要求在他临死前要见牧师。牧师态度强硬，一直在说服这个病人，渐渐地病人的态度缓和了许多，开始和牧师交谈起来。很明显，这个病人曾经做过一些罪不可赦的事情，让他一直负有罪恶感。他已经带着这个秘密度过了许多痛苦的日子，这个秘密一直折磨着他将近死亡。牧师想让这个病人将他的故事说出来，但是他拒绝了："我已经做了我不能原谅自己的错事，我知道即使是你，甚至是上帝都不可能原谅我。"过了一会，牧师意识到这个病人坚持不了多久的，而他还不能打开这个人心中的顾虑，于是他接着问这个身负内疚的人："你做了什么让上帝都不能原谅的事呢？"病人回答说："我犯的错实在太大了，大得我都不能原谅自己，上帝也不会原谅我的，我知道你也不会的。"时间慢慢地过去了，牧师说："试着讲给我听，才能知道我会不会原谅你。"于是病人在最后几个沉重的呼吸中将这个秘密告诉了牧师，他脱口而出："我转换了火车轨道，然后一辆车经过，害死了车上5条人命。""我能原谅你，"牧师小声说，"那次你害死的是我的家人，因为这件事我才成为了一名牧师。"

决心原谅

决心去原谅，因为怨恨是否定，怨恨是毒药。
怨恨削弱并毁灭自我。
首先去原谅，微笑，采取第一步，
你将看到幸福之花。
洋溢在你兄弟姐妹的脸上。
永远要第一个采取行动，
不要去等候别人的原谅。
因为去原谅，你成为命运的主人，
生活的缔造者，奇迹的创造者。
去原谅是爱的最高，最美丽的形式。
你将会得到数不尽的安宁和快乐作为回报。

——佚名

著名的作家兼演讲家琼恩·波利森科说过:“宽恕是对旧事物的终结,它使你能够看见并且利用真正的潜能。宽恕实际上是远景的转化,它能让你穿越混乱,消除与过去交织在一起的幻象,让你看到这个真实的世界。”甘地说:“弱者永远不会去原谅别人,而原谅是强者的特征。”宽恕是你保持你的心智和灵魂健康的关键。当你在练习完全原谅别人时,你其实是在效仿这个世界上所有伟大和高贵的人的性格特征。原谅洗去了负罪感、愤怒、憎恨以及所有潜意识中的负面情绪。持续不断地宽恕每个人使你成为更冷静、更友善、更富有同情心、更乐观的人。原谅并埋葬过去,在身体里隐藏了很久的能量将会被释放出来,从而能得以实现更伟大的目标。

关于“日本—英国”之间的“宽恕”故事

这里要和大家分享的是一个扣人心弦的真实故事,这个故事演绎了“宽恕”能改变生命的神奇力量。我相信你也会和我一样喜欢这个故事的。

在1939年,一个19岁的英俊黑发小伙子刚刚在一家苏格兰电话公司里开始了他的事业。他叫埃里克·洛马斯,当时正筹备着和心爱的人结婚,然而突然一切都改变了。希特勒军队侵略了捷克斯洛伐克,战争上升到火热阶段。于是洛马斯主动请缨,加入了英国军队。

洛马斯被派遣到了英国殖民地——新加坡那边,他的父母时刻担忧着他的安全,他的未婚妻也保证要等待他回来。几天后,战事失利,日本人包围了这个岛,1941年12月15日,盟军被迫投降。

日本军队一刻也不耽误,在短短两天内,洛马斯就发现他已经成为上千万战俘中的一员,被押往这个岛北端的樟宜。为给日本建造战争纪念碑,整整两个多月的时间里,他和几百名饱受饥饿折磨的战俘被分配去清除丛林。到了10月,洛马斯和其他六百多名战俘在新加坡火车站被塞进一个热得发闷的火车车厢里,拥挤得像罐头里的沙丁鱼一样,历经了5天的行程,被送往泰国的清迈。他们根本就不知道接下来将要面临着怎样恐怖的事情。

洛马斯和几个战俘悄悄地利用他们存下的材料碎片制成一台简易收音

机。他们把它藏在一个咖啡罐里，晚上就围在咖啡罐周围，接收战争的消息。日本士兵一直没发现这台收音机，于是他们一直随身带着它，直到1943年2月他们被送往泰国一个叫北碧的小镇上。在这个丛林集中营中，这些战俘的主要任务就是要修建一条260英里长的铁路，通往缅甸，这条铁路是为了日军侵略印度做准备的。

他们的首要任务就是要建成一条横跨桂河的桥，1960年有部经典电影就是以这座桥而命名的——《桂河大桥》，时至今日这部电影里的人物和场景在我脑海里仍印象深刻。

白天，战俘们忍受着亚热带丛林的烈日而劳作，晚上，他们就睡在竹棚里的木板上。一批又一批的战俘相继死去。营养失调和疾病让他们时刻面临着死亡的威胁。

洛马斯开始着手画这片地区的地图，计划越狱。为了收集资料，他向卡车司机以及新来的战俘咨询，只要他有机会能进入营地的办公室，他都会特别注意日本军方的资料。他将画好的地图藏在厕所里。8月的一个炎热早晨，日本军方没有做任何警告就对营地里展开突然搜查。突然从洛马斯的小屋里传出了气愤的声音。“天啊，”洛马斯心里很害怕，“他们发现那个收音机了！”那台东拼西凑的收音机在另外一个战俘的床底下被搜了出来，作为惩罚，这个囚犯不得不挥动着一个28磅重的大锤敲打木桩数小时。几个星期后，5名战俘，包括洛马斯在内，被命令收拾他们的东西，被遣送到另外一个营地。洛马斯马上乘机跑去厕所取出他珍贵的地图。他想：“逃跑的时候我们还得靠这张东西呢。”

一到达北碧新的营地，这5个战俘就被重重地扔在地上，然后日本士兵们开始疯狂地搜索他们随身的物品。一个长官发现了洛马斯身上的地图，5个人被牵连着在炽热的阳光下罚站整整一天，不准吃喝。到了晚上，其中一名战俘被要求将手臂抬到头部，一个日本士兵挥起一把木镐，狠狠地将这个战俘击倒在地，然后不断地踢打他。过了一会儿，其他长官也加入了其中，直到这名战俘被踢得奄奄一息。接着另一名战俘被鞭打，很快就轮到洛马斯了。那些士兵抓住他，狠狠地将他摔到地面。他能感到军靴踩在他头部产生的剧痛，他的脸在沙砾上被蹂躏着，满嘴鲜血，他能听到脸上的骨头被踩得噼啪作响。他们一直在毒打他，直到他后来渐渐失去了意识。

第二天，洛马斯醒了过来，他的身体是僵硬的。其他4位战俘也躺在他旁边的地面上，痛苦地呻吟着。他们被迫在这酷热的阳光下呆了整整两天，直到后来战俘集中营里的工作人员得到许可才将他们送到营地医院里，医院里的荷兰医生尽自己最大的努力去医治他们。

洛马斯的情况最糟糕。他的鼻子、双臂、右边的臀部，以及几条肋骨都断了，周身都是淤青。甚至连医生都说："我是第一次看到被打得如此残忍的伤者。我算了一下，在6个小时里起码被毒打了900下。"

第二天，一个日本人走进了军队的办公总局，对一个25岁的聪明小伙子长濑发出命令："停下你手头的活，跟我过来。我们发现一些战俘制造了一台收音机，我们需要你去审问他们。"

长濑是在日本冈山长大的，从小他就很爱阅读，特别是英语小说。1936年，他迁往东京，想要考一个英语教育资格证书，但是战争打破了他的计划。从小就被教导要绝对服从天皇的命令的长濑，也主动申请加入军队，成为日本的随军口译。长濑被派遣到西贡，而现在又被派到北碧接管战俘。

在战俘集中营中，长濑为他看到的一幕幕感到惊讶：战俘们生活在没有屋顶的小棚子里，长期处于饥饿的状态，缺乏营养，病得奄奄一息。他们裹着一张被雨水浸透的毯子，一直在颤抖。"难道这就是天皇对待战俘的方式？"他心里想，这个问题一直困扰着他，这跟他刚刚被叫来审问犯人时的感觉一点都不一样。而且他根本没料到会看到如此残忍的暴行。

洛马斯的手臂被绷带紧紧地包着，被夹板夹着，他被带进日军办公总局，在他面前是长濑和一位日本军官。长濑用流利的英语对这位憔悴的战士说："我们知道你有份参与制造这台收音机；你的朋友都承认了你也在其中。现在告诉我们，还有谁？"

洛马斯尽力掩藏自己的恐惧，拒绝合作，审问持续了好几天。长濑总是扮演着口译人员的身份。最后这个狂躁的军官越来越没有耐心，狠狠地扇了洛马斯几巴掌，长濑吓得退到一旁。

趁军官走出房子的时候，长濑赶紧弯下身子对洛马斯悄声说:“你赶快承认吧，他们就不会再打你了。”他是发自内心地怜悯洛马斯。但是回敬他的却是洛马斯那双尖锐的蓝眼睛中投射的冷漠和挑衅。

长濑知道洛马斯这几天摄入的只有茶和咸饭，他的身体已经处于非常虚弱的状态。日本军官加强了审讯，希望洛马斯会崩溃，将事实说出来。在审问的第五天，洛马斯被判定是一名间谍，应该处以死刑。当长濑叫洛马斯签字认罪时，他拒绝了。

于是洛马斯被拖到桂河岸边，日本士兵将他捆绑在一个长板上。他一只断了的胳膊被扯到背后，另外一只被扯到胸前。长濑看到这里，心里很不安，他问洛马斯:“你要将事实讲出来吗?”但是洛马斯还是摇摇头。于是那些士兵将毛巾塞到洛马斯的嘴里和鼻子里。一个士兵拿起了一条橡胶管，开动了水龙头，将水流注入毛巾。水很快就湿透了毛巾，进入了洛马斯的嘴里和鼻子里。冲进鼻子、嘴巴、肺中的水流令他差点窒息过去，他拼命地喘着气。长濑看着洛马斯的腹部渐渐鼓了起来，快要被水溺死了。毛巾被拿开的时候，战俘们疯狂地大叫起来。洛马斯一直被强迫认罪和说出他的同伙，但是他再一次拒绝了。

酷刑重演了一遍，长濑感到非常震惊。他想，如果自己的母亲看到这惨绝人寰的一幕，一定会为自己感到羞愧。一个多星期的审问后，日军已经将洛马斯折磨得将近死亡，但是他仍然守口如瓶。长濑告诉洛马斯他即将要被调出这个营地了，他想要表达他的愧疚，但是不知道如何开口。最后他只能轻声说:“不要屈服。”洛马斯没有说什么，狠狠地回瞪着他，除了仇恨一个字都没有。

在洛马斯眼中，这个人就是日本所有暴戾行为的化身。洛马斯一直听到的就是这个声音。这个声音已经变成了折磨的代言人。在被审问的过程中，洛马斯一直盯着长濑的脸，记住了他的每一个特征：黑眼睛、小鼻子，还有宽阔的额头。洛马斯对自己说:“我要记住你，总有一天我会让你付出代价。”

一辆卡车将洛马斯带到曼谷的宪兵总局中，被判从事5年的强迫劳役。很快他又被送到了疾病和老鼠滋生的新加坡监狱中，在那里为了能被送进医院，他曾两次假装受伤。战争结束时，人们在医院里发现了他，洛马斯再也不用承受任何痛苦了。洛马斯离开营地的时候，长濑还在那个营地里呆了几个月。他在那里翻译文件和巡逻营地，但是再没有参与任何审问。他无法忘却那位英国士兵的惨叫。因为自己参与酷刑的审问，他的内心也备受折磨。长濑心里一直惦记着那位士兵：他还活着吗？

日本战败后，英国军队命令长濑带领他们沿着泰缅铁路去搜寻战俘墓穴，所闻所见令人毛骨悚然。在这片丛林的地面上到处都是腐烂的尸体，还有没有标志的无名墓穴。长濑心里恐惧无比，心想：我们的军队做了多么残忍的事情啊！

1946年6月20日，这位28岁的翻译回到了祖国。那时日本的经济已经处于停滞阶段：粮食匮乏，没有任何工作机会。长期被精神折磨的长濑流连在街头从事一些零工，想要为他在战争中的罪刑做出补偿。“为什么我们会做出这样的事？”他不断地问着自己。他越来越内疚，越来越沮丧，满心都是羞愧。一天下午，他跑到海边想投海自尽。但是他却盯着海水，没有勇气。

洛马斯也回到了英国，他得知母亲在三年前就去世的消息，而父亲也再婚了，但是他的未婚妻仍然在苦苦等待他的归来。他们结婚了，洛马斯的生活似乎也踏入平静的轨道。1948年，他正式退役，在国外工作了几年后在格拉斯哥的斯特莱斯克莱德大学中找到了一份人事管理的工作。而且，他也有了两个女儿。但是战争遗留的阴影并没有散去。右手断裂的骨头和腕骨连接不好，当他写字时会很痛。更惨的是，恶梦中他常见到长濑的脸和声音。他拒绝谈论那场战争，觉得不会有人明白自己的感受。工作中，他孤立自己；在家里，他会因为一点小事而大发脾气。每当他妻子问起为什么他会变成这样，他总是一声不发，闷闷不乐。最后，这段婚姻也无疾而终。

1955年，长濑开了一所英文学校。六年后，他邂逅了藤原佳子并娶她为妻。长濑将战争中的经历和他在战争中所看到的悲惨告诉了妻子。“我对自己许过诺言，要为这些残忍的行为做出补偿，”他说，“不单单是为了我自己，而且是为了那些保持沉默的天皇士兵。”

他终于等到了一个难得的机会，长濑参观了北碧的战争墓碑，在那里埋葬着将近7000名战士的尸体。长濑看着这个青铜墓碑默默祈祷，心想那位英国士兵的尸体是不是也在在其中。后来他开始公开赎罪。在日本举行小型集会，在太平洋战争的退伍军人中提倡友谊和谅解。他大胆地策划了一个方案：将所有前盟军战俘和日本士兵们都集中在北碧，促成双方的和解与宽恕。许多日本人都极力反对，他们认为日本没有必要道歉。日本外交部部长对此非常生气，并强烈要求停止这个方案，但是长濑没有因为威慑而退缩。

全世界的报纸都刊登了他的声明，1976年10月25日，23名从英国、澳大利亚和美国的前盟军战俘来到了北碧，与51名日本老兵开始会面。起初，这些战争时期的仇敌们对另一方的出席都感到非常别扭。但是不一会儿，他们就开始分享故事，甚至开怀大笑。看到大家心中残留的怨恨烟消云散，长濑经历了一次真挚的自我反省体验。

1983年，64岁的洛马斯和46岁的护士帕蒂·华莱士成婚。帕蒂知道丈夫的脾气变化跟战争有关，相信一切都会随着时间变好。不幸的是，她错了，情况变得更糟糕。往事还一直缠绕着洛马斯。他错把汽车的逆光当成枪击；把穿着制服的人当成敌人。洛马斯还曾经拒绝在一家餐馆里就座，理由是有一对日本夫妇就在旁边用餐。在妻子的劝说下，洛马斯联系了酷刑受害者关爱医学基金会的伦敦分部，接受每月一次的精神治疗。终于，他说出了自己作为一个盟军战俘的经历。他仍然深陷在他所受的折磨中，特别是那位翻译更让他不能释怀。他想，如果不能起诉他们，我会亲自让他们尝到我的痛苦。他不知道日军有哪些人曾参与其中，于是他找到在北碧生存下来的其他英国军人，向他们询问关于营地里日本军官的信息。但是毫无结果。

几年过去了，洛马斯已70岁高龄，1989年10月，一个朋友递给他一张从报纸上剪下来的消息，上面登了一个叫长濑写的一本书《十字架与虎》。洛马斯气喘吁吁地读着这篇文章，“作者回忆了日本宪兵折磨一个因为藏匿地图的战俘的故事，”这篇文章写道，“其中一个残忍的酷刑就是往战俘的喉咙里灌水。”“那个战俘就是我！”洛马斯大叫。他盯着照片上那个71岁虚弱年迈的长濑,“这就是我一直在寻找的人!”这篇文章谈到了长濑为日本所做出的暴行深表歉意,以及他现在对受害人所作出的贡献。“他那样做只是为了避免受到审判,”洛马斯心里还是充满着仇恨。

洛马斯找到了长濑写的那本书,发现自己简直读不下去,特别是其中对审问和拷打的细节描写。妻子帕蒂建议他写一封信给长濑,但是被洛马斯拒绝了。最后,他还是极不情愿地同意他妻子给长濑写信。帕蒂写道:“我刚刚读完了你写的书,我的丈夫就是你在书中描写的那个受到残酷拷问的人。”她告诉长濑自己的丈夫带着满腹的疑问生活了这么多年,然后她在信的结尾请求道:“如果您能发发慈悲,也许能帮到我丈夫。”

长濑收到了这封信。他告诉佳子:“天啊,他还活着!”妻子问道:“你该怎么办呢?”长濑毫不犹豫地说,“我必须马上回信给他,问他是否同意跟我见面。我必须亲自和他道歉。”他又轻声说:“我相信我注定要再次见到他。”

帕蒂对长濑的回信非常感动。长濑在信中写道:“这些年来我一直生活在巨大的罪恶感中,我经常祈祷着我能再见到你的丈夫,得到他的原谅。”帕蒂被长濑的真诚所说服,于是她劝说丈夫应该亲自写封信给长濑。“我怎么能够给一个我恨了这么多年的人写信呢?”洛马斯责问道。帕蒂知道这触痛了她丈夫的伤口,于是也没再坚持,但是她想缓和地解决这个问题。“也许是时候要走出黑暗了,”她说道。

最后,洛马斯也认为长濑的愧疚是发自内心的,于是他回了一条信息说:“也许见一面对我们两个都有好处。”他们约定在北碧的世界战争博物馆里相见,那天是1993年3月26日,距离他们第一次见面时隔50年。

那天早上10点,洛马斯和帕蒂忐忑不安地走上博物馆的阶梯。很快他就要面对过去50年一直出现在他噩梦里的那个人了。他能够和这个他一直想着将他千刀万剐的人对话吗?这时一个矮小的日本人向他走来。洛马斯想,这个会是他吗?这张脸变老了,但是他还是立刻能认出他来。那位前随军翻译很快就认出了洛马斯。长濑慢慢走近洛马斯,他渐渐的认出了烙在他脑海里的特征:那双曾经挑衅地、冷漠地盯着他的眼睛。

当长濑走到洛马斯身边时,他向洛马斯深深地鞠了一躬,连声说:“我非常对不起你。我想……”他的声音嘶哑，失声哭了起来。洛马斯本能地伸出他的双手，长濑紧紧地抓着他。他们静静地坐在旁边的长椅上，帕蒂走到一边，不想打扰他们。终于洛马斯开口说：“你还记得你对我说的最后一句话是什么？”“不记得，我忘了，”长濑回答道。“你说，不要屈服。”洛马斯停了一下，然后笑了起来。两人之间的紧张气氛逐渐消融。

在接下来三天里，两个人谈论着他们战后的生活。长濑为洛马斯经历的创伤而感到痛苦。他们之间越来越默契，洛马斯甚至决定要和长濑一起去参观一下日本。但是长濑的脑海一直都有一个问号：洛马斯真的原谅他了吗？

在他们分别的前一天，两个人对坐着，没有一句话。最后洛马斯递给长濑一封信，这是他在前晚写的，“我想你会想看到这个”他说。长濑打开了信：“虽然我不能忘记在北碧所受的折磨，但是考虑到你内心的改变，你真诚的道歉，你所做的一切，请接收我的原谅吧。”长濑抬起头，握紧了洛马斯的手，两人相拥而泣。洛马斯悄声说：“我知道仇恨就是一场毫无价值的战争。”

第二天在火车站时长濑对洛马斯说：“这么多年过去了，我们现在成了朋友。”“是的，我们是朋友。我希望某天我们能够再见面。”洛马斯回答说。两个人看着对方的眼睛，静静的，一句话也没说。这两个曾经是敌人的老兵伸出了他们的双臂，深深地拥抱住对方。

自从他们见面后，洛马斯和长濑一直保持着联系，彼此之间经常打电话和写信。他们的友谊经历了严峻的考验，在相互的帮助下，双方的生活都恢复平静。洛马斯说：“我发现了宽恕能够治疗创伤的力量。这份珍贵的礼物，让我能够重新生活。”

宽恕就是“我原谅了你，那么我也让自己重获自由”。希望你能在心中找到光芒和真诚，即使我也正在内心寻找着它们。怨恨就是对过去已经发生的事情的抵制，心中老是纠缠着无法改变的过去。你越是沉浸在负面的事情中，你的潜意识就越被它牵着鼻子走，你也会被伤害得越深。抛掉所有的怨恨和委屈吧。宽恕一切，扔掉这个感情的包袱，继续你的生活。

你越明白这个道理，就越能顺着生命之流而前进，而不是逆流挣扎。当你能够完全明白这点，你会发现你就是奔腾的河流。缺乏“宽恕”之心，是一个人能否成功最大的绊脚石。

在《奇迹课程》这本非常有趣的书中，你或许早已熟悉这句话：“我所做的每个决定都是在委屈和奇迹之间的选择。”

甘地说过：“古语称眼眼相报，留给整个世界的只是盲目一片。”

罗宾·卡特的故事

我在加拿大曾听过罗宾·卡特的演讲。罗宾曾经因为被控谋杀而被判入狱19年，但是他始终不肯认罪，最后他被无罪释放。被释放后，他说：“没有比这更痛苦的了。我不憎恨任何人，也没有任何怨恨。我至今还活着，这是一个奇迹，我为此而心存感激。”他的经历被制作成受人欢迎的好莱坞电影《飓风》，由著名影星丹泽尔·华盛顿担当主演。看看这部电影吧，这是一个很棒的故事。

玛丽·巴特的故事

玛丽·巴特有许多东西需要去原谅。1930年，一个未婚的酒鬼妈妈生下了她，却无力照顾她。5岁的时候她就被送去孤儿院，随后又被一对夫妇收养，他们残暴地对待她，鞭打她并把这个可怜的小女孩锁进地窖里。17岁时玛丽由于沮丧和肌肉痉挛、窒息、呼吸不正常以及经常出现幻觉而麻痹，医生们误诊她为精神分裂症。1947年她被送到了精神病院，在那里度过了毫无希望的17年。

有一段时间她无法说话、无法吃东西、无法行动，只想着自杀。经历了数年沮丧，到20世纪60年代，医生重新评估了玛丽的情况，认为她并没有患精神分裂症。啊，她居然被误诊了长达17年！在朋友和理疗师的帮助下，配合适当的治疗方法，1964年玛丽终于走出医院。

34岁的时候，玛丽发现自己面临着一个非常尖锐的问题，余生该做些什么？她当然可以因为如此悲惨的命运而甘于平庸。毕竟被社会遗弃，并且遭到不公的待遇，被剥夺了17年的正常生活，令她远离了世界。似乎她很有理由愤怒和痛苦，因悲伤而丧失希望。如果她一直心怀仇恨，谁又能责备她呢？但是这并不是玛丽·巴特所选择的。

她选择继续向前，去实现她的梦想，而不是被不幸击倒。获得自由后，她很快就坠入爱河，并且结婚，还获得了塞勒姆州立大学学士学位以及哈佛大学的硕士学位。她选择帮助精神病患者，向公众讲述自己的经历并且书写自传，1986年她的经历被拍成电影，由影视明星马洛·托马斯主演。1988年，当玛丽58岁的时候，她回到了曾将她囚禁了17年的机构，这次她不再是病人，而是以地区医疗事务主任的身份。玛丽·巴特说："宽恕是走出过去的悲惨境遇，迈向未来的唯一方法。"在宣布她任命的文章中，玛丽解释了不幸之后的胜利："假如我不学着去原谅，我根本就不会成长。"

伟大的印度诗人泰戈尔说："旧的言语刚在舌尖上逝去，新的旋律又从心中涌现。"从这个故事我们或许能得到这种体会：同情能够创造完整性，而宽恕更能够治愈你的人生。

戴斯蒙德·屠图大主教

作为这个国家的倾听忏悔的神父，屠图主教听过很多南非最凶残的凶手为了换取心中的解脱，所讲述的罪不可赦的罪行。他是一个坚强又仁慈的人，有时也会为那些故事而感动得流泪。集体谋杀、殴打、绑架和强奸，这些在美国或者加拿大都会被处于重刑。但是屠图主教并不同意报复或对犯罪行为的政治制裁。他的任务就是"治愈"和重建这个陷人种族战争十几年的国家。作为南非真相暨调解委员会的主席，这个带着天真笑容和对生活有独特见解的小个子，揭露了一系列种族隔离的罪行。

"宽恕是一笔昂贵的生意，"屠图主教说："要去原谅一个人，心胸需要非常宽阔。如果你没有选择原谅，要付出的代价将会非常高。怨恨和愤怒会滋养报复之心，报复之心会越来越强烈以致没有任何东西可以攻破。”《没有宽恕就没有未来》是他新出的一本书，涵盖了这些内容。屠图说：“我们都是互相依赖的。我们要为我们的多样性而庆祝，因为它丰富了生活。”他在1984年获得了诺贝尔和平奖。那是个艰难、令人心碎的经历。有时，屠图不得不在葬礼上告诉死者的亲人说杀人者不会受到惩罚。他不得不坐在那里面对着这些凶手，许多人曾是暗杀政府官员的刺客，他们是因为勇于承认罪行才被从政府的拷问中心送过来的。很多犯人并没有道歉，仅仅是承认罪行，想利用这个特赦而已。但是屠图还是坚持着，他认为就算他们缺乏悔改之心也必须得到原谅。屠图花了三年时间，去调查种族隔离给人们的生活带来的恐怖；而且，在这个过程中，常常因为人们的怨恨而滋生的报复性行为而感到悲恸。许多死者的亲人公开谴责这位主教向全世界请求原谅凶手的行为。一些幸存者对凶手依然不用受到惩罚，甚至连悔改之心都没有而表示愤怒。当你听到人们互相伤害的故事，怜悯之情由然而生。屠图主教说，他希望有一天能看到一个没有“冤冤相报”的世界。他还说，所有民族更愿意以那些走出历史的国家作为榜样，而不是忽略历史，深陷其中。

“宽恕”的技巧

不管对方是一个人，还是一个组织或者群体，将他/他们的全称写在第一个空格中，在第二个空格里写下你心中的神灵，如果你是一个无神论者，你可以用“宇宙”或者“神圣的无限智慧”或者任何你觉得恰当的东西。

1. 我完全原谅________所做的任何伤害我的事情，这是看在________的份上。

2. 我让________原谅我做过任何伤害他/她的事情，看在________的份上。

3. 我完全原谅我自己所做过任何伤害自己的事情，看在________的份上。

你每天要重复以上所说的“肯定陈述”三遍，把空格填满，重复这个技巧2～3个星期。当你在说出“肯定陈述”的时候，脑海里要想象着这个人的脸孔或者盯着这个人的照片。表达陈述的同时如果能为这些人祈祷也是明智而有益的举动。记住，你这样做是为了自己，放飞自己，给自己最好的礼物。它是爱最伟大的工程，充满巨大风险，也是所有人际关系中最为棘手的技巧。研究一下，你会发现这个技巧会将你为自己设置的牢狱攻破，帮助你达到远大目标。

我本人的“宽恕”故事

十几年来，我都是带着痛苦和伤痛的记忆走过来的。当然我也知道“宽恕”这个观点，我从基督教的主日学校中学过这些道理，但是我是被家人逼着去参加主日学校的。我心里一直抵制着传统宗教，我觉得那是给白痴或者一些不能维护自己权利的弱小者或者基督徒的信仰。有一天学生们都准备就绪，我听到收音机里传来“意念科学”的老师芭芭拉美妙的声音。她每句话都说到我心坎上。她讲的内容如此精确，因为“意念科学”讲的是宇宙真理，没有教条、没有任何信仰观念；教的是“你就是你自己的导师”。第二就是他们从来不会像传统教堂一样告诉你应该去想什么……他们教的是如何去想，而且他们传授“吸引定律”长达80年之久。

于是有一天，我决定去参加在佛罗里达州博卡拉顿举行的一次会议。我还记得曾对朋友说过，如果我不赞同她讲的理论我就立马走人。实际情况是，我竟在那里住了几年，报名参加了所有的课程，听了很多著名讲师的课，其中一位是狄巴克·乔布拉，他当时以特约嘉宾的身份来授课。从那时起，我的人生迅速发生了改变，这些新鲜有价值的信息深深地吸收着我。

从那时起，我的很多朋友，以及在我的研讨会上获得毕业证书的人，包括我自己都从这个“宽恕”技巧中获益匪浅。

我第一次的“宽恕”治疗，是在一位很棒的整体医疗专家吉尔·威廉斯医生指导下进行。二十多年前在佛罗里达州南部，他就告诉我应该原谅我生命中的两个人。目的是要治愈我身体上的疾病和驱除我意识中的羁绊。他运用肌肉测试和潜意识行为测试来探寻我意识和身体的联结点。这是一个卓有成效的诊断方法，可以通过你的身体、情绪和思想状况来测出你的生理出了什么问题。而且它也可以用来测出一个人是否被“宽恕”的问题所缠绕，或者一个人是否完全原谅了某人某事。我经常在我的书中提到这一点，而且在我的研讨会上都用了这个方法。它很神奇，那些参与者都很为这个方法着迷。

很明显，我对父亲几年前所做的一些行为仍然不能谅解。我不同意这个测试结果，因为我觉得早在80年代时参加EST训练之后，我就已经原谅了我父亲，并和他和解。经过几年的仇恨、敌意和沉默，我们都原谅了对方，并成为朋友。

事实上，我是真的原谅了父亲，但这只是在意识层面而已，而我的潜意识中，还是很介意这件事的。人的思想就像一座巨大的冰山，在水的表面只露出一点点，这相当于人的意识层面，而在水底下则是深不可测的潜意识，其实就是人的潜意识通过意识层面或者潜意识层面来控制人的行为。而那股愤怒还存在于我的潜意识当中。我遵循所有的指示，三个星期内按时回到医生那里复查。这段时间，我同时进行着关于我兄长的那一部分测试。我没有向医生说明我逃避了关于我兄长那方面的“肯定陈述”。反而，我告诉医生为什么哥哥不值得去原谅。医生测试了我的肌肉反应，说道：“你已经原谅了你的父亲，你可以不用再做那些‘肯定陈述’了；但是你对哥哥似乎还是耿耿于怀。”我保持沉默，没有透露我故意忽略的那部分“肯定陈述”。

几天后，在一个素食餐厅里，我遇见了推荐我去见吉尔医生的那位医生，他们都是这个领域的专家。我跟他说了自己的经历，他的回答让我永身难忘：“理查德，我知道你不想听到这个，但是我还是要告诉你，你可以选择今生原谅你的兄弟，也可以选择下辈子再宽恕他。”那时我对来世今生一点兴趣都没有，我看到的只有眼前。于是我决定采取行动；就算我觉得哥哥不值得去原谅，但是我还是要去宽恕他。要知道，我的人生还有更大的目标要去实现，我不能让任何东西来牵绊我。因此我按照医生的方法去练习，打心底里原谅哥哥的一切。

生活就是一件礼物，它是你第一件也是最后一件得到的礼物。这话说得没错，生活中所得到的任何东西都要预先支付，俗话说：“天下没有免费的午餐。”最好的托词不会“治愈”任何人。既然过去的已经过去，为什么不让它烟消云散呢。

缺乏宽恕之心只会将你锁住。它会让你陷在痛苦的沼泽中，将你囚禁在怨恨的监狱中。

《奇迹课程》里反反复复提到“宽恕”就是解决所有问题的答案。路易斯·海在她的书《生命的重建》中写道：“我知道当我们感到受阻时，通常意味着我们还停留在过去的某个时刻。它也许是悔恨，也许是悲伤。”

佐治·罗密斯说了一句意义深远的话：“宽恕就是当你踩在玫瑰花上，它却将香味留在你的脚底。”我不能过于强调“宽恕”这个话题的重要性。每个人迟早都要面对这个问题，它是人生中要学的最重要的一课。“的确，虽然我从阴影中走来，但是我不应该停下来，而是要重建生活。”宽恕将会带走你的伤痛，放飞你的心灵。

新约规劝我们要去原谅别人，而且不仅仅原谅7次，而是17次乘7次，它同样也建议我们要小心地去选择身边的人。要清楚，不愿意宽恕自己和他人的每件小事都是一个消极的噩运包袱。

宽恕能带给你想要的一切

“你要的东西有什么是‘宽恕’不能给予的？你想要平和吗？宽恕能带来它。你想要快乐、一个平静的头脑、一个明确的目标、一种超乎世界的价值感和审美观吗？你想要得到关心、得到安全感，永远被保护着的感觉吗？你想要一个无法破坏的安宁、无法破坏的柔和、持久的舒适感和一个永远不会让你沮丧的休憩吗？

宽恕都能带给你，甚至更多。在你醒着的时候，它闪烁在你的眼旁，让你愉快地去应对每一天。当你睡着的时候，它轻柔地舒展你的前额，伴随你合上双眼，因此你不会在恐惧和邪恶的梦魇中惊醒，满腹怨恨和攻击。当你再次醒来时，它带给你新一天的快乐与平和。这些都是宽恕带给你的，而且还有更多。”

我为那些能够不费尽周折标新立异，敢于去宽恕，敢于放飞自己的读者而骄傲。这个过程真的需要很大的勇气，需要勇气去超越对自己或别人毫无用处的旧思想。

我想用鲁德亚德·吉卜林的一首诗来结束这一章：

细微的小事能启蒙我们，
欢乐中没有痛苦的涌泉；
宽恕能驱除邪恶，
将爱带给所有生活在阳光下的人们。

20. 冥想的作用

> 神灵的信息会来到平静的大脑中。它不会来到有冲突的思想中；因为一个充满矛盾的思想是不会记住永恒的尊贵……你必须像上帝所创造的你那样……让这些疯狂不在你身上爆发，平静地向它致敬，它将在你平和的大脑中闪耀。
>
> ——《奇迹课程》

不断有研究表明，持续有规律的冥想能对健康带来巨大的、真正的好处。而其中一个重要的益处就是它能够大大地减少（甚至消除）所有的压力。其实，冥想能够对精神健康和情绪健康产生持久的作用，不但能神奇地减少焦虑感，而且能够明显推动你的情绪，使之达到完全平和安宁的状态……更重要的是，它还能将你的聚焦力和创造力提升到一个前所未有的状态。

帮助自己——帮助地球

令人惊讶的是，你想要从生活中得到的东西，往往被你忽视，而在冥想中，你会感知到它在向你的“内我”寻求帮助和指引。真正的力量只能来源于内在，而且只有当你的头脑平静、思想清晰的时候，你才能感知到它的存在。“指引”来自我们内在更高层的智慧，而且只有当我们决定去取得它，接受它进入我们的生活，它才会被我们所感知。

“肯定”或“声明”以及积极的想法都是能帮助你实现目标的“工具”，但是如果当头脑在冥想中获得平静之后，这些“工具”会更有效。这是因为在冥想状态中得到了更有力的聚焦和清晰。

至今为止，每天的冥想练习最重要的就是它让你能够和更高层的智慧和更高层的“自我”联结起来，而且让你能够像一个天才一样思考。这个额外的好处能让你拥有更多有效且快速的问题解决方法的“无穷的信息库”，并从中得到额外的资源。这就是我们不时提到的“集体意识”。而且同时，你还可以从这神奇的资源中为你还没明白的问题寻求答案。

个人的进步和自身的发展始于你意识到你人生中需要的改变。改变是如何显现的，以及你是如何长大成人的，这些跟你投入的努力是成比例的。你做出改变的期望和决定将会决定你在追求目标途中的成功程度。

每天冥想的习惯会帮助你有效地运用“吸引定律”去完成你的梦想。它不但能够加速这个过程，而且它还能让你活得更开心、更健康以及更充实。它会帮助你成为你想成为的人，它会帮助你过上你想要的生活。还有，最好的一方面就是，这个技巧对你来说很容易，随处可以实行，每天只花费你15～30分钟而已。英国作家奥尔德斯·赫胥黎说过：“宇宙中只有一点你是可以改善的，那就是你自己。”

一个叫罗伯特·奥茨的人写了一本有趣的书《永恒的和平：如何永远阻止恐怖主义与战争》。这本书中揭示了19个科学研究都已证明当一群人在冥想时，他们周围的犯罪和暴力现象会减少。作者在书中写道：“这个基本原理很简单：就像往池塘里投掷一颗石头，它会激荡出水面的波纹，一群全神贯注的冥想家也能发射出有序和谐的‘波纹’（能量）。这个原理已经被反复证明有效，而且效果非常明显。不单社会紊乱的迹象减少——比如暴力犯罪、火灾、交通事故、战争冲突以及恐怖主义，而且‘和谐’和‘进步’的迹象渐渐显著。公司经营权的申请，股票市场的稳定，以及经济指标都在提升。”

回过头来再看下最后一句话。它是说冥想能帮助增加财富。很多睿智的圣贤说过，你能为穷人做的最大贡献就是“不要成为他们其中的一员”。你能给任何人最好的礼物就是你自身的发展。大卫·霍金斯博士写了一本书《动力与推力：人类意识的解剖与人类行为背后的尺度》，这本书是20世纪影响最深远的图书之一。在书中，他描述到：“当你提高自己的意识时，你同时也不自觉地提升了其他意识比较低的人的意识水平。”我来解释一下吧。下面的部分可能用简短的句子很难理解，如当你提升自己的意识时，你同时也不自觉地提升了其他意识比较低的人的意识水平。这里“意识”的定义是你对生命和万物的觉悟。你可以回顾前面的内容，其中有提到过这个吸引人的主题。所以，我们可以这样说，你个人意识越高、觉悟越高、越聪明、越有见识以及越富有，那么你就越能帮助到这个地球以及其他生存在这个地球上的人。所以，要当心，不要忽略这个原则或者定律。这是一个“崇高的”法则。

科学并没有充分解释为什么想象能起作用以及它是怎么起作用的。但是事实已经足够让世界上大多数的空军主力将数百亿美元投入飞行模型装置中。其实，如果你瞄准一个主要目标，谁会在乎你是否知道为什么冥想会起作用，以及它是怎么运作的？只要去冥想，它就能起作用！而且毫无疑问,“冥想”已经被那些在每个领域获得成功的人证实是个成功的技巧。高尔夫世界的传奇人物杰克·尼克拉斯说，他打高尔夫球时的每一杆都首先要在脑海里冥想一遍才开始。约翰·戈达德，世界第一的目标实现者，说“冥想”就是他用来实现他550多个目标的主要技巧之一。他现在还活着，而且身体健康，仍在举办研讨会。当然，仍然在实现他不断涌现的新目标。

博恩·崔西说过:“你生命中所有的进步都始于你脑海中图像的进步。你脑海中的图像就像一个导航器，引导你在你生活中去将它实现。”

几个月前我参加一个电视研讨会，其中有个叫杰克·坎费尔德的人，他是畅销书《心灵鸡汤》的合著者，在采访中他谈到“观想目标”这个论题。他说量子物理学关于“冥想”方面的最新研究表明，在这个物质世界中，对一个项目做仅仅一小时的创造性冥想，比六个小时连续不断的工作更有价值。我曾经忽略过这一环节，因为我觉得它太简单了，我觉得它的作用仅仅是放松身体而已。但其作用远远不止这样，远远不止。

不管我们现在看到的是什么，一切的开始与终结都伴随着我们对内在冥想的坚持与期望。内在的图像才是我们最终要去服从并付诸行动的，所以我们要对自己在脑海中创造和拥有的想法特别留心。如果我们认为自己是一个受限的、无价值的、软弱的、胆小的或者多病的个体，那么通过

“吸引定律”的作用，我们会将这样的现实吸引到我们的生活当中。举个例子来说明吧，著名的精神导师兰姆·达斯在他的书《静止的此刻》中写道：他一直想了解变衰老和虚弱是什么样的感觉。这个描述曾深深触动了我。他一直在想着这个问题，然后马上就经历了一次中风，“要求”他将这个精力放在别的东西上。“想着变老”吸引了他对“衰老”所害怕的一些“因素”。2001 年，我参加了他在旧金山举行的演讲，因为中风的后遗症，他成为一个残疾人，讲话缓慢，但我还是为他依然能够赢得这么多人的尊重而感到惊讶。

事实上，我们真的会吸引我们所创造出来并坚持着的、想象中的图像，而且我们身体的每一个细胞都在吸引它。因此这一点非常重要，就是我们大脑中要看关于我们个人非凡未来的清晰图像，即使我们周围的环境都在“暗示”另外一种“结果”。古代的波斯诗人鲁米的诗歌完美地诠释了这一点：“世界的花园没有界限，除非界限在你的思想中。它的存在比星星还要漂亮，比你纯净的心灵之镜还要明亮。”爱比克泰德在 2300 多年前曾经声明（他没有用任何不确定的词语）：“你是原本的存在。你是神灵独特的一部分，而且你自己有一部分也是神灵。那么为什么你不了解你高贵的出身呢？你体内携带着神灵，可怜的人啊，却对此一无所知。”

上面讲的内容都是根据以下的事实：

1. 没有任何“牺牲者”。

2. 你对自己的人生负有 100% 的责任，而且永远都是（抱歉，很长一段时间我都很讨厌这个事实）。

3. 发生在我们身边的事情都仅仅是我们内心所做的选择。这既是“思想定律”——所有结果的出现源于思想。你的思想成为你的现实！你的想法是创造性的。你会成为你最常想成为的那种人。不断地想着你真正想要的东西，不要去想你不想要的东西。如果这个想法伴随着更多感情、更多激情和更多的感觉，那么这个过程就会被大大地提速。

也许生活中有些让你不开心的事情。也许你经历了一种“贫穷”的财政状况或者“经济困难”的状况，不管怎样，你都将它们吸引进你的生活。没有所谓的“对”或“错”……想法就是想法。

如果真的是这样，那么对你来说也是个好消息，不管你处于哪种环境、条件或者境遇中，你都有能力将它转变为更好的状况。你是自己现实的创造者。

我所要求的就是你去尝试30天！这30天将会像变魔术一样为你带来更多财富，改善或者改变你的情感关系，提升或者加强你的身心健康。你必须遵循以下的原则：

这个很容易，不要将它复杂化。东方的冥想大师经常将人类的思想比喻成一只“猴子”，因为它似乎喜欢四处乱窜。当你专心地冥想你的目标的时候，你的思想通常会四处乱窜，特别是在刚刚开始的时候。你可以做到的——每天冥想1~2次，开始时可以每次20分钟，然后慢慢延长到每次半小时，或者更长时间，如果你喜欢的话。一天20分钟对大部分人来说还是可以接受的。我已经进行过大量的各种各样的冥想，而且20年来都坚持运用“想象”这个技巧，我会一直使用这个方法直到出现惊人的结果，而且我现在就将这个方法传授给你们。

现代物理学和古代玄学都向我们证明你就是自己现实的创造者，你的现实就建立在你注意力搁置的地方。现在，我知道也许你正在想这是关于个人发展的“空话”，但是现代物理学已经证实了几千年前神秘的文化所告诉我们的一切。

反复被证明有效的方法就是“冥想”。西方科学证明了它可以提升大脑的全面思维水平。事实上，哈佛大学和其他在常春藤联盟中的大学最近的研究表明，“冥想”不但能提升一个人“安宁平静”的状态以及会带来许多其他精神上的好处，而且它其实也能增加你额叶前部的大脑皮层。基于这个理论，有“冥想”习惯的人，会在所谓的“大脑的全面思维”显现出惊人的进步。

关于“长寿”的研究表明了那些生活压力较小的人、血压较低的人（这两者是紧密相联的）会活得更久，他们的人生也会有更多的成就。况且，20分钟的深度冥想已经被证明相当于两个小时的睡眠。这些仅仅是身体上的受益而已……

突破性的新发现证明了，如果你能够去改变振动的状态（也就是大脑波型），同时又伴随着强烈的目的性，你就能够在这个物质性的世界中创造你想要的任何东西。

心理分析与冥想

西蒙·弗洛伊德“心理分析”被引进了世界，“心理分析”的根本就是分析思想。它禁闭于“思想”中，不会踏出“思想”之外。反之，它则会更深入“思想”中，到达“思想”的隐蔽层，到达潜意识中，找出能让一个人能够正常的方法和手段。

弗洛伊德心理分析学说的目标不算好。它的目标只是为了让人恢复正常。但是只达到“正常”是不够的，那样一点意义都没有。“正常”就是说正常有规律的生活状态以及你应付生活的能力。它并不会给你任何意义、目的或者成就；它不会让你领悟、突破或者改变现实；它不会让你超越时间，超越死亡。它至多也是对那些精神状态非常不正常，连日常生活都应付不了的人有效果而已。那些精神不正常的人不能和别人住在一起、不能工作，他们已经被“击碎”了。精神疗法会给他们带来一定的归属感，但不是完全的，只是一定的归属感。它将他们“捆扎”起来，但是他们依然是不完整的；他们体内没有任何东西变得明确。他们不会变得幸运，他们只是减少了“不快乐”，减少了“痛苦”。

心理学帮助他们去接受他们创造的“悲惨”。它让他们接受这种观点：这就是生活能提供给你的一切，所以不要再要那么多了。在某种程度上，这对他们“内我”的成长是很危险的，因为只有当非凡的不满存在时，“内我”才会成长。只有当你对某事完全不满足时，你才会去寻找，只有那样，你才会开始提升；只有那样，你才会努力去将自己拖出“平庸”的“沼泽”。

佛陀的“心理学”和“冥想”并不是分析法，也不是综合法。它是卓越的，它并不是在“思想”中运作，它是将你带出“思想”之外。这就是英语单词“ecstasy”（入迷状态）的确切解释——要脱离思想之外。

当你能够从你的“思想”中站出来，当你能够为你的思想和你自己制造出一段距离，那么你就已经是在实施佛陀“心理学”的第一步了。接着奇迹便会发生：当你从“思想”中站出来，“思想”里所有的问题都会消失，因为“思想”自己也消失了，它放松了它对你的控制。

心理分析需要好几年的时间，而且病人也许没什么改变。它只是修复旧的架构而已，这里补补，那里凑凑，只是将一所旧房子重新粉刷了一遍，但是仍然是那所房子，没有本质上的改变。它并没有改变那个人的意识状态。

冥想并不是在“思想”之内运作。它没有兴趣去做分解、分析或者综合分析。它仅仅帮助你脱离“思想”，让你能够从外部去观察“思想”。当你能够将你的“思想”当成一个物体一样观察时，你就已经和它脱离了，你不再跟它一样了。这时，你们之间的距离也因此产生，于是一切源头也会被斩断。

佛陀的故事：污水

一个炎热的夏天，佛陀正在穿越一片森林，他非常口渴。于是年世已高的佛陀对弟子阿南达说：“阿南达，你往回走，就在3～4英里的地方有一条小溪，我们刚刚就是从那边过来的。带着我的化缘钵，然后装一点水回来给我。我现在又累又渴。”

于是，阿南达就往回走，但是当他到了那条小溪的时候，几条牛拉着货车从小溪里走过，搞得整条小溪都泥泞不堪。河底的落叶也都随着搅动而浮出表面；水太脏了，根本不能喝。于是他带着一个空钵回到佛陀身边，对佛陀说：“您要等一下，我往前走看看有没有水。我听说在前方2～3英里之处有一条大河，我去那里取水吧。”

但是佛陀坚持要他回去那条小溪取水。他说：“你回去，就在那条小溪中取水。”阿南达不明白为什么佛陀要坚持这样，但是既然师父开口了，做弟子的就只能从命。他感到很不解，师父明明知道那里的水不能喝，却还要他往回再走上3~4英里。但是他还是顺从师命。当他要离开时，佛陀说:“如果水还是脏的话，就先不要回来。你坐在岸边静静地等着，不要做任何事，不要踏进这条溪流中。就静静地坐在岸上，看着。不久，这条溪就会恢复清澈，你就可以往钵里装水了。”

于是阿南达按照佛陀所说的那样静静地等着，真是如此：溪水几乎又重新恢复原来清澈的状态，叶子也不见了，尘土也沉淀到底部。但是它还不算完全清澈，所以他一直坐在岸边，看着小溪流动。慢慢的它变得跟水晶一样清澈透明。于是他舀了满满一碗水，手舞足蹈地去找师父。他终于明白为什么佛陀如此坚持。这里蕴藏着一个很深的道理，而且他也猜透了师父的用意。他将水递给佛陀，触摸佛陀的脚以示感谢。

佛陀说:“你在做什么？应该是我感谢你将水带给我。”阿南达说:“现在我终于明白了。开始时，我很不解，因为回去简直是件很荒唐的事。但是现在我明白了这个道理。这正是我现在所需要的。这跟我的‘思想’很像，坐在那条小溪边时，我就意识到这点。如果我跳进这条溪水中，我只会弄脏它。如果我‘跳进’思想里，那么就会有更多的噪音出现，会有更多的麻烦出来，浮现于表面。坐在岸边时，我就领悟到了。”

“现在我要坐在我‘思想’的旁边，看着它里面所有的污秽、问题、枯叶、伤痛、记忆和欲望。无欲的我将坐在旁边，等待着一切清晰的时刻的到来。”

发生的一切都是符合自己的频率，因为当你坐在你“思想”的旁边时，你就不会再提供能量给它了。这即是真正的冥想。

弗洛伊德谈论的是“分析”，阿萨吉欧利谈论的是综合法，而佛陀谈论的都是关于冥想和觉悟。

觉悟、注意、观察……这些都是冥想的独特性。不需要任何心理分析师，你自己就可以完成它——事实上，你必须靠自己来完成。不需要什么指导，它只是一个简单的过程而已。如果你开始了，它就很简单；如果你没有去做，它看起来就非常复杂。听到“冥想”这个词都会吓倒很多人，他们认为它是非常复杂深奥的。是的，如果你没有去尝试过，它看起来就很复杂。就好像骑自行车一样。如果你不会骑自行车的话，它就很难；但是如果你会的话，你就知道它只不过是个简单的过程而已。没有任何事比骑自行车再简单不过了，这根本不需要什么技术，只是本能的，而且最自然不过了。

要更了解你的“思想”。这样你将变得更清楚：“你不是‘思想’”；而“创新”就此产生。你开始往越来越高的地方“流动”。你不再属于“思想”的范围。“思想”的作用就像一块石头压制着你，它将你压制在“重力”的范围中。当你不再与“思想”联结在一起时，你就进入了佛陀的世界——“一切可能”的无极世界。

想象冥想，加速成就

如果你想其他的方法也请随意，因为没有哪种方式是错误的冥想方式。首先，找一片安静的地方，舒服地坐下来，放松双臂和双腿，松开所有紧身的衣物，微微闭上眼睛，深深地呼吸，慢慢的，然后放松。将你的注意力放在呼吸上。当你吸气时，心里想着：“我是……”当你呼气时，心里想着：“放松”。慢慢放松！重复以上的步骤数次。肩膀、下巴、背部放松。然后，从你的头顶开始，将你的“觉悟”慢慢下移，贯穿你“拉紧”的身体状态之中。哪里感到紧绷，那停顿下来，想象呼吸进入那个部分，然后再将这个“紧绷”随着呼吸呼出来。不断地重复这个过程，只到你整个身体放松为止。感觉你自己变得越来越放松，越来越平和。这个过程只需要几分钟。

现在，闭目想象着与你眉心成30度角上的一点，然后尽力深呼吸，再缓慢呼出。在做的同时，想象着数字“10”，然后在脑海中重复它一次，同时慢慢地呼气，直到你的肚脐尽可能地紧缩到你的背部，将全部的气体呼出体外。接着运用9、8、7、6、5、4、3、2、1这些数字，每个数字都在你脑海中重复三次。就像这样，9-9-9，然后将一切呼出来，尽力深吸气，然后停顿一会，接着呼气的同时，想着8-8-8……接下来的数字也是这样。做完这个10-1的练习，然后就做3-1的，过程一样，但是首先每次呼吸时都要对自己说：我将要达到越来越深的境界，达到更放松的状态。

当你做到1的时候，让自己放松一会，然后说：潜意识我要想象我的辉煌未来，从数字1开始，想象目标实现的过程，尽你可能的达到最细致。聚焦这个目标，就好像照相机在进行调焦。在脑海里保持这个意象1~2分钟（直到感觉舒服）。有时候我就用这1~2分钟的时间完成对10个目标的冥想，但是有时我用20分钟的时间仅仅冥想一个目标。然后进入下一个目标。对你自己说数字2，然后脑海中想象那幅图像。有时我的想象就像部电影，有时它们又像静止的图片，好像相机里拍的相片一样。摄影是我的爱好，因此我经常想象自己在俯视全景，拿出我的佳能5D专业相机，装好合适的镜头，然后让它自动对焦，对准目标，然后按下快门。我也是这样来冥想我的旅行目标。有时，我会想象自己好像是在一部电影中一样，有时播放速度很快，有时是短暂的慢动作，夹杂着现在的状况。你最能接受哪一种呢？还有，很重要的一点就是要向你的潜意识感激致谢，也许是宇宙，也许是神明，也许是其他任何能帮助你实现目标的物质。当你达到了这个水平，你就可以宣布："我所有的梦想和目标都可以很容易就实现了。"

然后慢慢地将注意力带回到这个时刻，集中在你周围的物质性环境。用数字1~5来做这个过程，跟你之前做的10-1的步骤一样。现在你要将自己带回觉醒的状态。于是，以这句话开头："在数到5时，我会完全醒过来，而且比之前感觉更好、更自信、更健康，充满了振动的能量，我知道我的目标将会在合适的时间实现。"在你重复1-1-1时，深深呼吸，在重复2-2-2时，深呼吸……到3的时候，加入一句话"当我数到5时，我就会完全清醒、觉悟，会有更好的感觉。"重复着这句话。深呼吸，呼出4-4-4，然后深呼吸，到5-5-5，接着你就可以完全睁开眼睛了。当你在做1~5这个过程时，它会慢慢将你的意识带回这个房间，带回你坐着的椅子或者沙发上。用力深呼吸，伸展活动四肢，慢慢睁开眼睛，然后再等几分钟恢复到常态。

关于冥想的问与答

问：一个人每天的冥想训练是如何去“治愈”地球的？

答：量子物理学的研究已经表明统一的意识能提升宇宙中的任何一种物质——我们的身体、行星、星系、次原子颗粒，还有其他所有的物质。宇宙就是一个扩展开来的躯体，我们人人都可以享有，而我们的每一个思想和每一个意向则会通过“吸引定律”的作用在宇宙的意识中激荡出波纹。

当我们在冥想时，我们使思想平静下来，进入所有快乐之源的安静之中。在那里，我们发现了越来越多的祝福、灵感和爱。我们达到了这些强大的状态时，就发出了可以帮助“治愈”地球的振动。一首著名的吠陀的诗歌就陈述了以下内容:“我们的责任是让剩下的其他人类要绝对健康，因为我们是意识海洋里的波纹，当我们病了，就算是小病，我们也破坏了宇宙的平衡。”通过冥想，我们将意识的美好自然的状态扩展开来，然后为世界贡献力量，让这个世界更和平，充满更多的爱。

“直觉—灵感”行动的艺术

什么是“直觉—灵感”行动呢？这是一种不同的行动，很少出现在其他励志类型的书中。事实上，它对我来说也是一个“新行为”，而且我对之后的结果真的很吃惊。凭灵感而行动，说的就是当你去凭预感、内在感觉、晚上做的梦或者你得到的感觉而去行事时，你就会得到你所感知的结果。

关于“直觉—灵感”行动的最好例子，我们不妨来看看澳大利亚的菲尔·埃文斯的故事。

大约在20年前，我的女儿在远离纽卡斯尔2500公里的地方，一天她精神受到了很大刺激，哭着打电话给我。那时她20岁左右，住在北昆士兰州的一个叫艾利沙滩的小镇。我问她当时最需要的是什么，她说她需要支持，如果我能拥抱她，那就最好了。可是当时我们身处两地，于是我叫她描述一下周围的环境给我听（当时我根本不知道“为什么”要怎样做），然后我对她说如果在30分钟内还没我的消息就打回电话给我。我叫她呆在那里别动。我不知道该怎么回电话给她，不过，她是从一个公用电话亭打过来的，就在艾利沙滩大街附近有个小公园，周围有几家商店。

放下电话，我坐了几秒钟。很快，一个电话号码在我的脑海中一闪而过，我虽然认得这个号码，但它不是我常用的号。我拨通电话，对方是一个18个月前购买我房产的女人，那时我正从事房地产行业。我对她说：“噢，是你啊，莉兹，其实我也不知道为什么要给你电话，我只是突然想着要打电话给你然后告诉你我女儿的事。你知道艾利沙滩这个地方吗?”“好像我的儿子就住在那里”，莉兹说。

“真的吗？那肯定是这样了，”我说，“你能将他的电话号码给我吗？莉兹。”“当然可以，希望他帮得上忙！”莉兹将他的电话号码给了我，我马上拨通救星的电话（从我告诉女儿我会帮助她到打给莉兹的儿子才过了5分钟）。幸运的是，他很快就接到电话，于是我告诉他事情的始末。

我将女儿的样子描述给他，以及她所在的位置，而且我跟他说她现在很需要情感支持，如果他愿意帮忙，像这样给她一个意料之外的帮助是最好不过了。“可以啊，我可以去找她，”他说，“她就在我现在站的这条街的对面！”他走到对面，告诉我女儿说是她父亲派他过来的。

想象一下那个场景……她几乎都要眩晕了，她打电话给我之后才过了10分钟！我相信她肯定会说：“哇，爸爸真是有一套！”然后她被带到一个安全的家庭里，受到人们的帮助和引导，在那里吃住几个晚上，那家人还给她钱让她去做她想做的事情。

那是预感的最好效果！如果大家能运用预感，并相信它，也许会挽救回一两条生命。记住：“其他人说什么或做什么都是他们的事；而我们对此做出反应或者不做任何事，都是我们自己的事！”

菲尔·埃文斯是澳大利亚的一个励志学家、商业培训家、人生导师和的励志书作家。你可以登陆 www. peoplestuff. com. au 浏览他的网站，或者通过 E-mail ：phil@ peoplestuff. com. au 把你对这个故事的看法告诉他。

21. 爱这个地球，就要维持它的和谐

> 对我们而言，保护地球是一件有意义而且必要的事。想想她的美、她的神奇、她的谦卑……那些蕴藏巨大能量的人才能承受生命延续带来的挑战。
>
> ——雷切尔·卡森（《寂静的春天》作者）

保卫地球

大部分人都没有意识到，我们每天所吃的食物对地球造成了不可思议的影响。生物学家史蒂文·L·霍普说："在美国，一部冰箱所需的矿物能源和一辆车所用的一样多。每个人每年几乎消费石油400加仑，车辆所消耗的能源几乎等于国家用于农业生产所消耗总能源的17%。"

2007年7月，举行了一场现场直播的"全球音乐会"，来自七大洲的音乐家参与了这场24小时的音乐"马拉松"，呼吁全球人类重视"全球变暖"这个问题。每一场的演出者和名人都鼓励全球的歌迷和观众尽一份绵薄之力，降低个人的能源消费以及减少温室气体的排放量。

而我们所能做的最快的改变就是改变我们的食谱。大量的燃料用于处理、包装、运输、仓储种植郊外的蔬菜以及其运载过程。世界观察研究院发表的研究揭示：在美国，一餐所需的食物一般都是经过1500英里（等于2414公里）的运输过程。而且这个问题不仅限于美国，在加拿大、英国、澳大利亚，还有其他国家，都要消耗巨大的燃料来运输食物。在澳大利亚，食物从农场里被运输出去，直到它们成为盘中餐，这一运输过程总

计超过 18000 英里（等于 28968 公里）。英国的《卫报》经过调查发现，在英国，从各个批发场里挑出的 20 种新鲜食物的运输过程一般总计 5000 英里（8046 公里）。

近几年来，“食用当地食物”的活动在全球兴起，因为越来越多的人意识到购买当地生产的食品的好处。而其中一个最大的优点，当然就是减少燃料的消耗。但是，说我们的食物对地球健康产生主要影响并不意味着我们要将食谱里的食物全部转变为“当地食品”。霍普指出，如果每个美国人都只是改变一餐，每个星期只要有一餐是购买当地有机食品以及肉类，那么每星期整个国家的石油消耗就会下降 1.1 百万桶的用量。

此外，购买当地种植的水果、蔬菜以及当地产的肉类制品，还有其他好处。当地的食物更新鲜，味道也更鲜美，而且种类也会更多。农场主一般等到农作物成熟才收割，而且不必为了长途拖运而熏蒸、冷冻、包装这些食物。

而且购买当地食品对本地的小农场主也是一种支持。约翰·艾克德是一个退休的经济教授，他写道，农场主从每笔食物消费中一般只获得其中的 20% 的收益而已，因为所得的钱大部分都花费在运输和包装，以及处理当中。而反之，农场主如果将食物当地出售，就可以获得全部收益。

你可以控制自己吃进体内的东西。购买当地食物，你可以清楚它的产地，也清楚其中用了什么样的杀虫剂或者添加剂等（如果有的话）。如果食物被运载到远距离的话，其安全性就下降了很多，2006 年在美国由袋装菠菜而引发的大肠杆菌感染事件就足以论证这个问题，那场“灾难”导致美国大半个地区，包括加拿大的安大略省 200 多人发病，其中 3 人死亡。

网络是一个很有用的资源，你可以上网找到更多关于“购买当地食物”的资料。

下面的祝福揭示了美洲土著人对万物与生俱来的特性有很深的理解。

我们呼唤地球，我们的星球之家，
领略她美丽的深度，可以翱翔的高度，
以及生命的丰富多样性，

我们一起向她要求：
教导我们，为我们指明方向。
我们呼唤高山，山峰以及奥林匹克之峰，
幽绿的山谷和碧绿的草原上摇曳着鲜花，
永不消融的白雪，
激烈的沉默在呼号：
教导我们，为我们指明方向。

我们呼唤流淌在地表的水流，
一股接一股，汇入河流和溪流之中，
流到我们的花园和田地中
我们向它们要求：
教导我们，为我们指明方向。

我们呼唤种植着我们食物的土地，
它肥沃的泥土，富饶的田地，
多产的菜园和果园，
我们向他们要求：
教导我们，为我们指明方向。

我们呼唤森林，
高大的树木深植于土地
枝叶直耸天空，
杉木，松树，还有雪松，
我们向它们要求：
教导我们，为我们指明方向。

我们呼唤森林和海洋里所有的生物，
我们的兄弟姐妹们，

狼群们，鹿群们，雄鹰和鸽子，
庞大的鲸鱼，和海豚，
在西北地区生活的美丽的逆戟鲸和鲑鱼
我们向它们要求：
教导我们，为我们指明方向。

我们呼唤月亮，星星，太阳，
它们赐予我们作息规律和季节
它们的存在，
让我们意识到我们是浩瀚宇宙中的一部分
我们向它们要求：
教导我们，为我们指明方向。

我们呼唤生活在这个星球的人，
我们的祖先，我们的朋友们，
为后代构想了最美好的未来，
在他们之上，我们创造了我们的生活，
带着谢意，我们向他们要求：
教导我们，为我们指明方向。
最后，我们呼唤心中最神圣的力量，
“真”和“爱”这强大的精神力量的存在，
贯穿于整个宇宙……
我们与此同在：
教导我们，为我们指明方向。

很多人都患有狄巴克·乔布拉所说的“自然缺乏症”。他们呆在室内的时间太多了，周围环境都是人造荧光灯，他们在种种电子设备旁工作，而这些东西发射出来的都是微弱的、有害的振动。其实，自然界能教给我们很多东西，而且置身于大自然当中，那些长期受城市生活折磨的人，身心会得到很好的疗养效果。我还记得近代的一个著名医生伯纳德·杰森，我那时得到他的特别关照，可以在他关于长寿、虹膜学，还有营养学的研讨会上呆上整整九天。他说他很难治愈坚持居住在洛杉矶、加利福尼亚地区的病人，因为那种地方的生活水平被拥挤不堪的环境以及被污染的空气所影响而质量下降。我们要做的是，花些时间走进大自然之中，感受她的美好，让她发挥她神奇的疗养效果吧。

记得有一次，在一场演讲会上，我听到伊丽莎白·库波勒·罗斯说了一句这样的话：“地球现在得到了援助。”那一刻，我泪流不止。下面的内容是为地球而写，它授予我们每个人的生命，现在它需要我们的帮助。它是一个美丽的地方，但是现在需要帮助。这是给你的邀请帖，邀请你加入帮助“康复地球”这个活动，就算不是为了你自己，也要为你的子孙着想。

这个时代的矛盾

我们生活的矛盾就是
今天我们拥有了更高的楼宇，
但我们的性情却更暴躁了；
我们拥有了更宽阔的高速公路，
但眼光却更狭隘了。
我们花费更多，
拥有的却更少了。

我们买更多的东西，
享受到的却更少了。
我们的房子更大了，
家庭却更小了；
我们享受到更多的方便，
但拥有的时间却缩短了。

我们的地位上升了，
但是判断力却下降了。
拥有了更多的知识，
但是评判力却更差了。
有更多的专家，
但是问题也随之增加。
我们有了更多的药品，
但是健康却不如以往。

我们喝酒过量，吸烟过度。
鲁莽地花钱，太少笑容，
开车过快，太容易愤怒，
晚上太迟睡觉，早上带着倦怠起床，
几乎不阅读任何书籍，
看太多电视，
以及几乎没有祈祷。

我们的财产增加了，
但是价值却降低了。
我们说得太多，
付出的爱太少，
常常怨恨。
我们学会怎样去赚钱谋生，
而不是学会生活。
我们往生活上添加年轮，
而不是在年轮上添加生活。

我们可以往返月球，
但却难以迈出一步去亲近我们新来的邻居；

我们可以征服外太空，
但却征服不了我们的内心；
我们从事更大的事，
但是却不是更好的事情。

我们已经清洁了空气，
而不是在那里干等；
我们的收入增加了，
但是道德却更低了；
我们有了更多的食物，
但所能得到的营养却更少了；
我们制造了更多的电脑，
掌握了更多的信息，拷贝更多的信息，
但是沟通却减少了；
我们的数量在增长，
但是素质却很低。

这是一个快餐充斥的时代，
消化却很慢；
人长得越高，品德却不高；
这也是一个充满投机利润的时代，
感情关系在这个时代很薄弱。
这个时代，世界和平，
但是国内冲突此消彼长。
人们过得更悠闲了，
但少了很多趣味；
食物的种类越多了，
但是却没什么营养。

现在每个家庭都有双份收入，
但离婚的现象越来越多了；
现在的住房越来越精致，
但也有了更多破碎的家庭；
这个时代充斥着快速旅游，一次性尿布，
可丢弃的道德，一夜情，身体超重，
还有能让你从欢乐之巅到宁静之境的，
可以置你于死地的药片。

这是一个只有橱窗里摆设着物品
而仓库中却没有库存的时代；
这是一个靠科技
能将这本书带到你面前的时代；
这是一个你可以选择做出一个改变，
或者选择退出，或者删除……

——佚名

下面我引用的是我很钦佩的一个人——约翰·罗宾斯，我听过他的多次演讲。他是唯一一个赢得观众们长时间起立鼓掌的演讲者，每次都有100多位听众都排成一排要和他见面拥抱。那晚，我是他的司机，就坐在他身边。听众们都拥抱了他，告诉他说他已经改变了他们的人生。这是多大的殊荣啊！我也见过很多非常棒的演讲家，但是他们当中几乎没有人像约翰·罗宾斯一样能这么触动听众的心。也许你也听说过他家族的冰淇淋生意：Baskin-Robbins 全球最大的冰淇淋连锁店。很少会听到一个人的演讲是如此真实、肯定，而且说服力是这么强，是真诚让他从成功走向卓越。

希望下面的引言能触动你灵魂深处，就如同它们对我和无数其他人的影响一样！我确信它们会触动你的心灵。

我为世界和平祈祷，为世界和平工作。也许你也和我一样。但是我们的社会却花费了10亿美元去筹备一场战争。我认为只要因这个世界原本的面貌而爱她，而不是挑剔她没有达到你期望，那么每个人心中就会充满和平。我相信“宽恕”。我认为应该接受一个人原本的样子。但是我却生活在一个在毁灭性武器上花费最多的、有毒废物排出最多的社会。

我认为要带着积极的态度生活。我相信“爱”比“怕”更强大。但是我们国家的枪械卖家比加油站还要多。我站着将手放在胸口起誓对这个国家绝对效忠，口里默诵着“愿所有人享有自由和公正”。我希望这个国家成为自由的土地。但是现在的美国，关在监狱里的人比世界上其他任何地方的还要多。很多州投资在监狱的钱比在教育上的更多。

我深深被马丁·路德·金的演讲和榜样的行为所触动。我相信这个国家作出了关于每个人都享有公平机会的承诺。但是年轻的黑人小伙子现在才占这个国家人口总数的6%，而他们50%的人民却是住在监狱中。

我希望所有人都能彼此亲密如兄弟姐妹。我认为我们怎么去对待别人很大地反映了我们做人的原则。但是鞋业公司花了2000万美元去请一个篮球员为他们的鞋子代言，而只付给他们的造鞋工人一个小时20美分的工资，这还谈什么尊重一个人的尊严和他的本我呢？我相信所有的孩子都是一个珍贵的礼物。我认为所有的孩子都应该得到教养和保护。但是在这个富裕繁荣的国家，却还有超过25%的孩童生活在贫困中。

我曾经为我的国家感到荣耀。现在，在工业化的国家中，我们的国家造就了最多的百万富翁。但是，贫穷的孩子和老人数量也居于世界第一。我们的国家是头号富国，但同时财富分配不均衡也是世界第一。我们的国家拥有最多的豪宅，但同时无家可归的流浪者数量也是世界第一。

我爱大自然，我尽自己最大的能力，向这个具有生命力的土地致敬，也许你也一样。但是就算我们很多人都尽力去贡献自己的力量，热带雨林还是慢慢在消失。降雨的农药含量通常保持在很高水平，这样的水质如果用来当饮用水出售是违法的。而美国东海岸最高的山峰现在已经成为一所垃圾场。

与动物亲近，这给了我很大的力量。我有一些好朋友就是四条腿的动物。也许你也有这样的一个“朋友”，它丰富了你的生活。但是今天我们大部分的食物都是来自工厂化农场里饲养的动物，那里就像一个集中营。

我们这个时代有太多的痛苦和死亡了。在这个时代，要做一个有良心和富于感情的人是很难的。在今天，要触动自己内心深处的灵魂是无比艰难的。要让内心有爱常驻几乎是不可能。这个世界正朝着我们那枚小小的、忽隐忽现的信念之焰吹来一股无情的飓风。

在历史这一时刻，我必须要表达出我的观点。我站在这里，为我们这个时代感到痛苦，我也敢肯定我们可以俯视这个深渊，看到全部的对与错，至少还没有变得更差，不至于毁灭。

我支持这个论点：我们在这里，并不是要被击倒的。我们的希望并不是一个没装任何真理的空瓶子。我支持这个说法：我们的梦想和祈祷都深植于比死亡力量更强大的东西中。我支持这样的论断：我们对这个世界的残忍野蛮行为的失望和愤怒，其实就是我们在觉醒。这个世界会有奇妙的事情发生，而那就是我们“复原”的一部分。

我同意这个观点：这个世界并不是一个悲剧和严重的错误。它虽然带有瑕疵，但仍然是我们人类命运的一条神圣的通道。是的，这里有惊骇，也有悲痛，而且这些都可能是无法抵抗的。但是这里仍然有无穷的机会，可以寻找新的生活，发现美丽，以及学会去爱人。

狂风在号叫，那就让它继续号叫吧。我们可以掩蔽彼此，将我们的火焰放在一起，也许我们就会觉得自己更有能力去面对逆境，也许我们所惧怕的“痛”会让我们重生而不是毁灭我们。

我坚持认为，这里有很多快乐，我们在这里就是要保卫它们，珍惜它们。我坚持认为只要直面世界，开放心胸，那么我们会更有能力去实现我们的期望。我坚持认为，我们，生活在这个世界，可以呼吸，心中有爱，是有很多值得感激的事情。

我坚持认为，我们如果相互联合起来，我们就会更强大勇敢。作为人类，我们很谦逊，生活在这个世界上。

你可以在 www. EarthSave. com 或者 www. JohnRobbins. com 上找到关于约翰·罗宾斯的个人信条。

如果你是爱这个地球的话，或者你爱你的家庭，或者你甚至都没有爱过任何东西。我向你强力推荐这网站。

作为一个人类，帮助康复地球，你能做的最有意义的一件事就是不要再吃肉。

——约翰·罗宾斯（“拯救地球”的创始人）

拯救地球——我们的使命

“拯救地球”提倡我们要选择对人类和地球都健康的食物。我们教导、鼓励、激励人们采用以蔬菜为主的食谱，尊重保护地球上所有的生命。

国际“拯救地球”的创始人约翰·罗宾斯

地址：1509 Seabright Ave，Ste. B1

Santa Cruz，CA 95062

联系电话：831-423-0293 800-362-3648

传真：831-423-1313

电子邮箱 information@earthsave.org

“拯救地球”主席写的一封公开信

亲爱的地球拯救者们：

“拯救地球”这个协会自1989年建立之初就已经提倡一种对人类和地球都健康的食谱。我们支持以蔬菜为主的食谱，我们也向人们提供这类可靠的健康和环境信息。从小方面来说，我们支持那些想要在自己食谱上和生活上来点积极改变的人。

2002年，已经有好几个组织提倡素食主义，而且大量的科学研究数据都表明，以蔬菜为主体的食谱对环境和健康都有好处。纽约大学的营养系主席马里奥·纳尔索说过，以蔬菜为主的食谱带来的益处是“不可争议的”。

如果是那样的话，为什么选择素食的人没有增多呢？为什么“拯救地球”的成员没有达到100百万呢？我们的董事会最近就是因这些问题所烦恼。其中有一个问题，正如我们看到一样，正在逼近我们。当一些人在提倡素食主义时往往会不经意间吓跑那些人。如果你是在采用“理想的”和“最富有同情心”的食谱，然后才去评判跟你食谱不同的人，这样还比较容易点。而且，人们都是倾向于和自己想法一样的人相聚在一起。在一个都是素食者和严格素食主义圈子中，大家都会很容易就忘掉“剩下的那批人”的想法和感受了。我们越是脱离大部分人，我们就越难理解不同于我们食谱的那些人，对他们少有怜悯之心。这最终导致了我们不能有效地引导那些人往积极方面做出改变。

在“拯救地球”协会中，我们展开了新的视野。我们希望成为“激进的主流”。我们提出一个“每个人都减少肉类，奶制品和蛋类的摄入”的构想。我们欢迎那些不吃动物制品的人，我们同样也支持那些只吃规定食物的人。我们的创始人，约翰·罗宾斯经常说,“拯救地球”这个协会的最初目标“不只是让少数人成为素食主义者”，而是让整个人类社会降低对肉类食品的依赖。

如果每个人都减少10% ~20%肉类和奶制品的消费，就已经对环境、健康和经济产生了巨大的影响。我们要充满热情，但还要怀有怜悯之心去投身在这个事业和教育活动中，帮助人们做出积极的改变。

我们更长远的目标就是引进“菜园方案”，计划让素食主义者和不挑食者在他们的居住地建立一个有机菜园。市区会变得更有生产力，也会更漂亮。参与到其中的人会了解到食用当地种植的有机食品的好处（健康或者其他方面的）。而且在快餐馆充斥的环境中长大的孩子，也会因此和自己的食物有了直接联系，而且更接近这神奇的生态系统。

实施一些类似“菜园方案”的计划（还有其他一些拓展的想法——比如分发素菜给流浪者或者集体员工为人类服务），我们就可以扭转人们对提倡少吃点肉的否定看法。一旦人们看到我们做出了好的结果——还有我们传送的积极信息，那么将会有更多的人加入这个队伍，改变自己的食谱，同时也在改变这个世界。

此致

约翰·D·伯德斯（“拯救地球”董事会主席）

有人曾经问过孔子，人类最让他感到惊讶的地方在哪里。他的回答是这样的：“他们付出了健康的代价去赚钱，接着又再花钱去恢复健康。对未来感到焦虑，却忘掉现在，他们从来不为‘现在’而生活，也没有为‘未来’而生活，他们活着就好像不会死掉一样，死后也好像从来没有来过这个世界上一样。”

光偏移 2002：协作的魔力

神秘的占星术能够神奇地越过自然和物质中的可视物质，照亮一个人的心灵、灵魂和意识本质。其他知识系统在测量宇宙的物质实体中很有优势，而占星术则是探寻精神领域或者说心中之神的一个工具。在这个太空世纪的时代，我称它为“真正觉醒的时代”，占星术是个理解错综复杂的矢量关系，以及处理物质、时间、空间、人和命运矩阵的基本方法。它就是我们“自我号”之舟在生命急流中前进的罗盘，确定我们所在的位置，指明我们前进的方向。

现在，我们破解了人类基因密码，可以去消灭所有的疾病。但是也有坏的方面，这个技术同样可以结束人类的生命。运动员们不断地刷新世界纪录，提高人类潜能的栅栏，然而人们却惊讶地发现有些运动员服用了兴奋剂。越来越多的人过上了奢华的日子，但是还有千千万万的人每天都饥饿地流浪在街头。地球上很多东西共存于和平协调中，但是武装战争仍然被视为解决冲突的可行方案。我们生活在一个两面性的社会中，奇迹和悲惨并存。科技以惊人的速度飞越——2008 年年底，美国将有 75% 的人使用互联网。

人们可以利用这项令人惊叹的技术，通过互联网号召“世界和平”，然而现在网络上却日益充满了“暴力”、“色情”等因素，甚至达到泛滥的状态。卫星传输也产生了令人惊奇的电视技术，然而电视内容品质却很浅薄和消极，其内容是有待丰富和增进的。现在，我们发现火星上有生命的迹象，火星表面上的轨迹就表明曾有智慧生物的存在，而且爱因斯坦提出的“光速有限论”揭示了“时间旅行”的可能性。然而自己的星球上，我们已污染了深邃的天空，破坏了雨林的精华，毒害了神圣的河流，而人类自己却沉浸在无法自拔的科技之瘾中。

幸运的是，一场精神革命点燃了一些人心中的火焰，他们渐渐了解到我们灵魂的中心以及人类的起源，他们会将身体、思想和精神中原始的潜能都释放出来。在这个时代的初始，一切都是如此繁荣兴旺，混合着原始和崭新的生活形态，向更好的水平迈进。我们可爱的孩子们具有的生存欲望似乎是一股潜意识的动力，推动着地球之舟漂流。我们能生存下来吗？我们的后代能延续生命的传奇吗？我们再深入分析一下吧，看看近几年的状况。

"相得益彰"，也就是未来派艺术家布克敏斯特·富勒所说的"协量能增加能量"，是宇宙定律中的一股天然奇术，产生于我们资源无比丰富的，富于同情心的宇宙中。只要我们置身于协作的关系中，我们就能利用这神奇的力量去治愈我们自己、他人以及地球母亲。

凤凰涅槃，即使毁于灰烬之中，但却能从中重生，站在更坚实和更神圣的基础之上创造未来世界。我们现在生活在一个过渡时期，世界仍然存在着污染，然而矿物燃料逐渐被可循环使用的太阳能和氢气取代。如果能顺利地过渡到一个新的纪元，我们的下一代将开着没有噪音的汽车，排出的尾气将是纯净的水。到时，大量的文学作品和许多人都会觉得这个末日也标志着一个新纪元的开始。

当地球母亲的负荷越来越重时，生活的质量也越来越恶化时，我们的"临时应急系统"却不可能转变和更新我们的"极性"。1983 年根据美国印第安人霍皮族的预言编排的电影《失衡的生活》，描述了人类对文明的破坏，以及对人类文明逐渐走向灭亡发出了警告。"合作"、"协作"、"沟通"、"怜悯"、"和谐"、"一致"、"和平"，还有"爱"，这些都是做出积极改变的成功法则。

夏威夷有个传统的解决问题的方法"将错的变成对的"，他们称为"Ho' opono Pono"。也就是说在训练我们的怜悯之心时，首先最重要的是宽恕过去，这样我们才能带着清晰的头脑向前进。我们不妨来试一下这个古老的传统方法吧：在脑海中想象着太阳和地球重叠在一起，交叠成一个同心圆。"我们的祖先生活在爱的围绕中。我就停留在那一时刻，而且我的时刻都是正确的。我为身边所围绕的祝福而感动。在这个爱的光环中，我明白我来自这股‘爱’。”每个傍晚，太阳落山之时，让我们忘掉过去；每个清晨，太阳升起之时，我们要热情地欢迎带着新生之爱和鲜艳之光的清晨的来临。

如果我们比以前任何时候都挖掘深一点，发出更亮一点的光，我们就会成功。让我们带着新生的希望，深深的感情，热烈的激情以及清晰的决心，贯穿于“爱”的美、力量和优雅，走进这个“岔道”之年的开端，我们不只是让自己生存下来，还要在这个非凡的星球上繁荣兴盛，直至永恒。

肯·卡尔布是一个作家、出版商、占星家，已经出版了超过 800 篇学术论文以及 4 本书。他是“幸运星座”协会的主席。在过去的 6 年里，他投身于光“偏移（Light Shift）2000”，提倡全球和平，引领数百万的人一起在精神上进行“全球量子”冥想而提升行星的潜在力量。1999 年 8 月 11 日的日全食，2000 年 1 月 1 日，以及 5 月 3 日 ~5 月 28 日的世界照明日，还有 2001 年 1 月 1 日千年冥想都是历史上最盛大的精神聚敛。光偏移（LightShift)2000 的网站是 www. lightshift. com，你可以发 E-mail 给 dolfunman@ aol. com 咨询。

这篇论文象征了新 21 世纪神历中 2002 年，你可以在“幸运之星”中找到。

结 束 语

詹姆斯·艾伦在他的一本畅销书《幸福的捷径》中用了整整一章作为开篇。他说:“大多数书的开篇都是很短的，似乎开篇都是无关紧要的，但是在生活中，这可是一生中最重要的事。”你也许有最远大的理想和计划，但是没有“开始”的话，你会一败涂地，因为你根本就没有投入，根本就没有开始。然而，就算抱负并非远大，计划也并非完善，但只要有了一个“开始”，哪怕是一个不怎样的“开始”，你都会做出巨大的成功。

“开始”只是成功者词典中一个词的另外一种解释——“行动”。强大的成功者，也就是那些似乎在一夜之间就从平庸成为百万富翁的人，他们知道通往成功的最关键因素就是“果断地行动”。在这本书中，我向大家介绍了一种“行动”，就是“靠直觉激励的行动”（就是根据你的超意识所做出的选择而行动）。

杰夫·贝佐斯决定要开始“Amazon. com”（亚马逊网络书店）这个计划时，他放弃了在美国东海岸的工作，举家迁往华盛顿州。一路上，他让妻子开车，这样他就可以抽空打电话去说服那些潜在投资商和卖家，证明Amazon会成功的。

就算是詹姆斯·艾伦所说的“无关紧要的”最细微的行动也会引导你成功。艾萨克·牛顿爵士创造了一条法则：静止的物体会保持静止，而运动中的物体则倾向于运动。这个绝对可以运用到“行动法则”之中，一旦你踏出了第一步（即使跟婴儿踏出的第一步一样小），那么下一步就会更容易了。现在世界上几乎所有的成功励志导师都在关注的这个成功关键法则。我的吸引定律研讨会的参与者曾感慨道:“我和丈夫对于现在的状况，下一步该如何做以及我们要达到的目标谈了很多。我们很早之前就已经知道我们要去达到一个巨大的目标，然而却不能全神贯注于其中。我知道这个方法可以引导我们朝正确的方向做出果敢的行动。”

除了积极建设性的行动之外，没有任何东西能让你达到目标或者你想要的东西。所有的学习，所有的发展，所有的研究都只不过在为这个行动做精确的准备而已，只有行动才能将你带到值得你渴望的东西面前。敢于行动，就会带来财富，而小心谨慎只会带来平庸。没有激情和乐观精神的行动，是不会有结果的。

希腊剧作家埃斯库罗斯曾经宣称，“当一个人在渴望的同时，上帝也加入其中。”勇于行动，无形的力量会给你帮助。谁没有在神奇浩瀚宇宙中拥有一些东西的企图心，谁最后就什么都没有。敢于行动的人，带着决心和激情，会得到他们想要的一切。琼·贝兹，这个著名的民谣女皇说过：“行动对绝望来说是一个陌生人。”要知道，是你的选择，而不是运气决定你的未来。

第一百只猴子效应

这个故事描述了社会的变化，以及我们怎样拯救地球上已破坏的生态系统。就像一个国家的经济如果长期被压制，那么就会导致长期被压制的社会群体暴动，革命便会爆发。1989 年 11 月 9 日，柏林墙被拆毁了……群众和整个社会都已经受够没有成效的政治主张。当这堵将德国分为东德和西德两个国家的墙撤倒时，举国欢喜，人们为此举行了盛大的庆典，我还记得在电视上看到有些著名的摇滚乐队在这堵就要被推倒的墙边演奏，而背后则贴着海报“嘿，家伙，不好意思，我觉得这是个超棒的好主意”。

让我们回到“第一百只猴子效应”这个原理吧。1960 ~ 1980 年间，美国有一个非常著名的精神导师肯·凯斯（1925 ~ 1995）。他曾写了下面这个故事，非常受欢迎。我相信你会明白其中的讯息。

很久以前，科学家已经在荒野中观察一只被命名为 Macaca Fuscata 的日本猴子长达 30 多年。1952 年，在日本 Koshima 岛上，科学家们将土豆扔进沙地中，提供给那些猴子们。猴子们都很喜欢吃生土豆，但是它们觉得土豆表皮上的沙子很碍事。一个18个月大的母猴子Imo发现可以在附近的溪水中洗干净这些土豆，解决这个问题。她将秘诀教给她母亲。她的同伴们也学会了这个方法，同样，他们也教会了他们的母亲。

科学家们看着各种各样的猴子们渐渐掌握了这个“文化革新”。从1952~1958年，所有年轻的猴子都学会洗掉土豆表皮的沙子，让这些食物更可口。只有仿效她们孩子的成年猴子才学到这门“社会进步”的技术，而其他成年猴子还是照样吃着沾满沙土的土豆。

然后，令人惊奇的事情发生了。1958年的秋天，Koshima岛上已经有一定数量的猴子都清洗土豆，但是具体的数目仍是未知数。让我们设想一下，当某天太阳升起时，Koshima岛上将会有99只猴子学会了要清洗土豆。再想一下，再过一天，第一百只猴子学会了清洗土豆。

接着，奇异的事情发生了！晚上的时候，整个群体中的猴子们都学会了先洗干净土豆再吃它们。这第一百只猴子的附加力量在一定程度上创造了“意识形态”的革命突破。

但是注意一下，令这些科学家们最吃惊的是，这个清洗土豆的习惯很快就传到了其他海岛上，邻岛上的猴子以及在日本高崎的猴群都开始掌握了这门技巧。因此，晓得这门技巧的个体数量达到临界值，那么这个新的技巧知识就会传达到每个个体。

当然，具体的数目是不同的,“第一百只猴子效应”的现象表示只有当一定数量的人知道了一种新方法，那么它就会保留在这些人的意识中，但是如果再多一个人接受到这个方法，就壮大了这个队伍，因此几乎所有的人都会接受这个“新”的方法或者思维的转变！

你现在可以回答的问题就是:“我会不会就是这个地球所需的第一百只猴子，帮助她提高全球集体意识，拯救这个地球呢？

现在，我知道你会对帮助“治愈”我们住的家园有很强烈的兴趣——包括拯救地球和整个人类思想的觉醒。在你和命运交织的章程中：死亡是一种幻想，一个最后的警告，如果你爱这个星球就应该意识到：地球正处于危险中！这是非常明显的事实。当我十几岁的时候，我就已经对这个地球产生了强烈的爱意，内心呼唤着自己要做些事情来帮助它，让它生存下去。

20 世纪 90 年代初，我明白了我来到这个世界就是为了要帮助其他人，帮助他们克服生活旅途中似乎不可避免的逆境，帮助他们展开受限的思维。当时，我非常迷茫，不知道应该如何去做。因此接下来的几年，我将学习放在首位，把我的使命暂时放在第二位。而现在，因为“吸引定律”的作用，我通过举行研讨会转变人们的思维，得以履行我的使命；在我们的周末研讨会上，我们通过创造一个安全的环境，挖掘参与者内心中和谐一致的、能产生根本性突破的想法。这些想法不是理论推测或者好的想法，它们都是事实。参加我的研讨会的人们从中获得新快乐和新想法的体验简直是美妙无比！

这本书告诉你关于过去的生活是怎样受到你想法的影响，以及你的想法将会怎样影响你现在生活的各方面和你永恒的将来。你会开始发现自己会多了一些额外收入，或者有更大的盈利。你是对自己的人生负有责任的唯一一人，通过改变想法你可以创造现实，这个新的觉悟会引起许多有趣的事件发生。你会变得更有耐心，更受欢迎，更睿智，更善良，也会更快乐。你会将意想不到的惊喜吸引到你的生活当中。

我以前是这样陈述我的使命的:“激励、教导和鼓舞其他人与组织团体，意识到他们自身所有的潜能而去达到他们的目标。”我将这句话记在脑海中，而且将它用于我所有的资料中，比如：我的名片上、我的书中、我的个人介绍、我的网站上、信纸上，等等。我觉得这句话还可以，但是看起来似乎太长了。当我在写这本书时，我才知道我真正的使命是什么，我真正的目的就是要提升人类的意识。因此，我替换了以前的口号:“扩展人类意识，改变地球面貌。”那才是我的意向，那才是我的目标，而且它跟我的心一起振动着，那才是我热爱的事业。

所以，这本书的目的和我所有的努力都是要帮助你提升觉悟。觉悟就是一种理解力。留心你的想法和行为，因此你就可以根据前景而行动，而不是重蹈过去，或者被社会的催眠效应所麻痹。它将那些限制你成长和成功的思想、行为和情绪不断地释放出来。它是关于你回应更高层的自我以及靠直觉而行动的力量。它会将你送往实现你目标和期望的路上。

但是，你要知道，“转变”的关键并不仅仅在于你。大卫·霍金斯博士写的《意识地图》中说过，当你提高了自己的觉悟水平，那么同时也提高了其他人的。这不是你一个人的事，这会涉及整个世界。每个国家和整个世界只不过是建立它们的这些人的意识反映。当每个人都提高自己的意识觉悟，那么整个世界的集体意识也会随之改变：从恐惧到勇敢，从怨恨偏见到无条件的爱，从缺乏到繁荣……

提高你自己的觉悟，并不单单是你得到好处，而且还是整个人类和地球得到好处。有句话说：“你的梦想等待着你去唤醒。”这就是为什么我认为尽可能提升自我意识，是你对自己和整个地球的责任和义务。要尽可能提升觉悟，发挥自己最大的潜能，去创造获得远大的目标，活出你想要的美好人生。在提升自我意识的同时，你也以最激励人心和最具成效的方式影响了其他人。

这里赠予大家一首关于勇气的短诗，在惊险的人生探险中，你需要勇气推动你去做出每个决定和每个行动。我祝你好运，愿你马到成功！

勇　气

坚强需要力量，
温和需要勇气。
征服需要力量，
投降需要勇气。
确定需要力量，
怀疑需要勇气。
顺从需要力量，
反抗需要勇气。
感受一个朋友的痛需要力量，
感受自己的痛需要勇气。
独立需要力量，
依靠别人需要勇气。

爱需要力量，
被爱需要勇气。
生存需要力量，
生活需要勇气。

——佚名

如果你觉得这本书对你有用的话，那么接下来的内容会让你更兴奋，这本书只不过是一道开胃菜而已，主菜就是“吸引定律周末研讨会”。在研讨会中，你会通过30个小时的活动，演示学到更多有用的知识、技巧以及策略，帮助你在最短时间、花最少的力气去完成目标和梦想。

我的梦想和信念就是我们能够“治愈”这个地球，将它从生态灾难中拯救出来，通过一本书、一个研讨会和一个人，我们就能亡羊补牢，趁还未太迟之前改变世界。我希望你也能将这个梦想当成你自己的梦想，然后致力实现它。

我期待着在其中的一次“吸引定律周末研讨会”上能见到你。你可以到登陆 www. Richard Carswell. com 网站，注册参加这个研讨会！购买了这本书的每位读者，我期待着我们有缘再见。

致　　谢

本书献给所有勇敢的中国绅士和淑女们，你们积极参与我的“吸引定律”和“百万富翁才智”研讨会。令人欣喜的是，你们毅然决定走出内心世界，用完全不同以前的新方法创造自己的生活。是你们，深深地触动了我的心灵深处。我以你们为荣耀，向你们致敬！

我还要衷心感谢以下各位勇敢坚强的先生们和女士们。你们勤勉努力的工作，探索未知的未来。你们勇敢地面对压力、困难、障碍和世俗的怀疑。每个伟大的思想都面临无尽的挫折，我们心怀同样的愿景。如果没有你们意义重大无私的贡献，我的使命不可能顺利完成，你们传播着事实的真相和意识的力量，不只是在你们的家园而是遍及整个世界。我，信任你们！我们要改变世界，我们一起行动起来！你们拥有不可思议的未来在前方等待你们，我因你们而骄傲，为你们而自豪！

爱丝特·希克斯和杰瑞·希克斯夫妇 Esther and Jerry Hicks（传授亚伯拉罕精神的导师），如果没有你们对宇宙真相如何运作的深刻洞察力、实践的智慧、透彻的眼光，这本书永远无法完成。你们诚实客观的意识水准和无私的爱心无懈可击。

张瑞（Rany），韦恩·戴尔说过，他的私人助手为他工作了25年，而其他演说家一年中换了25个助手。幸运的是，我和韦恩一样，感谢你的爱心、笑声和承诺，伴我一路走来。

黄超（King），你的设计天赋和灵感是上天恩赐的财富。

周虹（Rainbow），成千上万名忠实的中国读者会和我一样深深感激你所奉献的高水准的翻译书稿，谢谢你将我的书带给全世界的华语读者。

理查德·卡斯威尔